GUIDE

DU

LIBRAIRE-BOUQUINISTE

En publiant ce travail, nous avons voulu venir en aide à ceux de nos confrères, français et étrangers, qui, comme nous, s'occupent de la librairie ancienne et qui publient soit des Catalogues de vente ou à prix marqués, soit des Revues bibliographiques; car, que de livres restent enfouis et ignorés dans les magasins des libraires-bouquinistes, faute de savoir à qui adresser leurs catalogues ou leurs prospectus.

Notre intention est de publier chaque année le « *Guide du Libraire-bouquiniste.* »

Aidé par notre succès et les encouragements bienveillants que nous avons reçus, nous mettrons tout en œuvre, pour rendre notre travail avec la plus grande exactitude possible.

MM. les Amateurs dont les noms et adresses ne figurent pas sur ce Guide, voudront bien nous les adresser, pour que dans notre édition de l'année 1875, nous puissions les y insérer.

La série d'annonces, publiées à la fin de ce volume, prouve que notre appel a été entendu par bien de nos confrères. Nous la continuerons dans chaque édition : et ce, au prix de 10 fr. la page et 6 fr. la demi-page.

Avant de terminer cette *préface*, disons un mot sur la manière dont nous nous sommes procuré les documents que nous livrons à la publicité.

En mars 1872, en février 1873 et dernièrement encore, nous avons fait appel à ceux des bibliophiles et amateurs qui nous étaient connus, pour pouvoir, au moyen de leurs communications rendre notre « liste » aussi complète et aussi exacte que possible.

Beaucoup, par leurs précieux renseignements, nous ont facilité la tâche que nous nous étions imposée.

En notre nom et au nom des personnes à qui ce travail pourra rendre quelque léger service, nous les prions de vouloir bien recevoir ici, nos meilleurs remerciements.

Ed. ROUVEYRE.

BIBLIOPHILES ET AMATEURS

PARIS

BIBLIOPHILES ET AMATEURS

PARIS

ABBADIE (Antoine d'), 120, rue du Bac.
ABBOVILLE (vicomte d'), 25, rue de Grenelle.
ALKAN, 53, rue Saint-André-des-Arts.
ABRIC-ENCONTRE, pasteur de l'Église réformée, 24, rue de la Faisanderie, Passy-Paris.
ADAM, 6, rue de Seine.
ADAM-GARCIN, 24, Chaussée-d'Antin.
AGUADO (comte), 118, Avenue des Champs Élysées.
AGUADO (vicomte), 10, rue de l'Elysée.
AGUILLON (Gabriel), 34, rue de Verneuil.
AGUILLON (Louis), 34, rue de Verneuil.
AIGLE (le comte de L'), 22, rue de Berry.
AIGLE (vicomte de L'), 19, rue de Luxembourg.
AIGNAN, 20, rue d'Aumale.
AKERMANN, 22, rue Rovigo.
ALBRET (duc d'), 78, rue de l'Université.
ALCAN, 98, faubourg Poissonnière.
ALDROPHE, 18, avenue Trudaine.
ALLAIRE, 48, rue Madame.
ALVARÈS (d'), 73, avenue Montaigne.
AMÉCOURT (vicomte Ponton d'), 36, rue de Lille.
AMELINE, 89, rue de Grenelle.
AMELOT (comte), 52, rue Saint-Dominique.
ANDRÉ, 27, rue de Londres.
ANDRÉ, 26, rue Fontaine-Saint-Georges.
ANDRIEU, 25, rue Joubert.
ANEST, 24, rue Neuve-Coquenard.
ANSART, 27, rue Taranne.
ANSON, 12, rue du Conservatoire.
AOUST (marquis d'), 80, rue de l'Université.
AQUILA (le prince d'), 48, avenue Urhic.
ARAGO, 7, rue Pasquier.
ARAMON (J. d'), 82, rue de l'Université.
ARCHDEACON (E.), 15, avenue des Champs-Élysées.
ARMAND (Alf.), 7, boulevard des Capucines.
ARMINGAUD, professeur au collége Rollin, 17, rue Cassette.
ARBELET, 5, rue du Pré-aux-Clercs.
AREMBERG (le prince d'), 115, rue Saint-Dominique.
ARGOULT (comte d'), 57, rue Abattucci.
ARNAL (Albert), 66, rue Saint-Lazare.
AUBERT, 9, rue d'Anjou-Saint-Honoré.
AUBILLY (baron G. d'), 12, rue de Condé.
AUBRY, 1, avenue d'Antin.
AUBRY-VITET, 12, rue du Rocher.
AUCOC, 51, rue Sainte-Anne.
AUDENET, 25, faubourg Poissonnière.
AUDIFFRET-PASQUIER (duc d'), 47, rue Bassano.
AUGER, 2, rue Laffitte.
AUDLEY, 40, rue Madame.

PARIS (Suite)

AUMALE (duc d'), 129, faubourg Saint-Honoré. Représenté par CUVILLIER-FLEURY, 33, rue de Verneuil.

AUTRAN, 87, rue Neuve-des-Mathurins.

AVEZAC (d'), 42, rue du Bac.

AYEN (duc d'), 43, rue de l'Université.

AZEVEDO, 3, rue Taitbout.

BACUEZ, au séminaire de Saint-Sulpice.

BADER, 62, rue de Babylone.

BAPIN, 44, rue d'Assas.

BAPTOLA (de), 123, rue de l'Université.

BAILLON (comte de), 45, quai d'Orsay.

BAILLY, 113, boulevard Saint-Michel.

BALARD, 100, rue d'Assas.

BALIDON, 10, rue Saint-Lazare.

BALLOT, 11, rue Saint-Arnaud.

BALLU, 80, rue Blanche.

BALTARD, 10, rue Garancière.

BALTAZZI, 21, rue Barbet-de-Jouy.

BAMBERGER, 3, rue d'Antin.

BARANTE (baron Prosper de), 128, boulevard Haussmann.

BARBEREY (Maurice de), place François Ier, 17, rue Jean-Goujon.

BARBET DE JOUY, 18, rue de l'Université.

BARBIÉ DU BOCAGE, 21, rue Joubert.

BARBIER, bibliothécaire au Louvre, 21, rue du Dragon.

BARBIER DE MAYNARD, 18, boulevard Magenta.

BARBOU, 12, quai de Gesvres.

BARDOU, 7, rue des Deux-Boules.

BARGÈS (l'abbé), 3, rue Saint-Thomas-d'Enfer.

BARNY (Ch.), 28, rue de Trévise.

BARTHÉLEMY (Édouard de), 80, rue de l'Université.

BARTHÉLEMY (Anatole de), 9, rue d'Anjou-Saint-Honoré.

BARTHÉLEMY SAINT-HILAIRE, 29 bis, rue d'Astorg.

BARTHOLONY, 12, rue de Larochefoucauld.

BASCHET, 5, rue d'Albe.

BASSOT, 58, rue de Boudy.

BASTARD (Arthur de), 91, rue Saint-Dominique.

BASTARD (de), 91, rue Saint-Dominique.

BATAILLARD, 65, rue Neuve-des-Petits-Champs.

BATBIE, 20, rue Jacob.

BATIFAUD, 13, rue Montparnasse.

BAUCHART, 2, rue de la Pelouse.

BAUDICOUR (de), 91, boulevard Saint-Michel.

BAUDIN, 6, Chaussée-d'Antin.

BAUDON (Adolphe), 6, place du Palais-Bourbon.

BAUER (Mgr), prothonotaire apostolique, 12, rue Saint-Florentin.

BAUFFREMONT (duc de), 11, avenue Percier.

BAULNY (de), 24, rue Godot-de-Mauroy.

BAYARD, 8, rue d'Aumale.

BEAUCHÊNE (de), au Conservatoire de musique, faubourg Poissonnière.

BEAUCHESNE, 58, rue de Verneuil.

BEAUCOURT (G. du Fresne de), au Château de Morainville, par Blangy (Calvados), et 77, rue Bellechasse.

BEAUFFORT (comte H. de), 129, rue de Grenelle, et à Bossuyt, par Awelghem (Belgique).

BEAUMONT (Élie de), 5, rue de Lille.

BEAURREPAIRE (comte Gaston de), 17, rue Saint-Guillaume.

BEAUVOIRS-BEAUPRÉ, 22, rue de Vaugirard.

BECHARD (Émile), 19, boulevard de Strasbourg.

BECKER (Henry), 86, boulevard Malesherbes.

BECQUEREL (de l'Institut), 57, rue Cuvier.

PARIS (Suite)

BECQUET, 30, rue Jacob.
BEAUVEAU (le prince Marc de), 12, rue Boissy-d'Anglas.
BÉHIC (A.), ancien ministre, 12, rue de Poitiers.
BELGRANO, 19, rue d'Aumale.
BELJAME, 6, rue de la Sorbonne.
BELLAGUET, 68, rue Bonaparte.
BELLAIGNE, 11, rue Perronet.
BELLANGER, 58, rue de la Victoire.
BELLEVAL (le vicomte de), 46, rue de Verneuil.
BELLEVAL (le comte René de), 90, rue de la Victoire.
BELUZE, président du Cercle catholique, 53, rue Madame.
BENARD, 9, rue Marivaux.
BENARD, 13, rue Castellanne.
BERARD (Paul), 20, rue Pigalle.
BERAUD, 39, rue Pasquier.
BÉRAUDIÈRE (comte de la), 12, rue de Poitiers.
BERGE, 240, faubourg Saint-Honoré.
BERGE (de la), 93, rue du Bac.
BERGER (Élie), 52, rue Vaugirard.
BERGER (Samuel), 52, rue de Vaugirard.
BERGER (Amédée), 2, rue Caumartin.
BERNARD-MARTIN, 24, rue Pigalle.
BERTHAUDIN, 1, rue Royale.
BERTHIER, 17, rue Barbet-de-Jouy.
BERTRAND (Arthur), archiviste paléographe, 46, rue Jacob.
BERTRAND, 5, rue de l'Odéon.
BERTRAND, 11, rue des Mathurins.
BÉTHIZY (marquis de), 53, rue de l'Université.
BETOLAND, 53, rue du Bac.
BEUGNOT (comte A.), 52, rue François Ier.
BEULÉ, 25, quai Conti.
BIANCHI (Marius), 21, boulevard des Capucines.
BIART (Lucien), 31, rue Bellefonds.
BIBESCO (prince Georges de), 31, rue Boissy-d'Anglas.
BIDOIRE, 4, rue Boissy-d'Anglas.
BIENAIMÉ, 1, rue de Fleurus.
BIENCOURT (marquis de), 5, rue Saint-Dominique.
BIGLES (Jules), 96, rue de la Victoire.
BILLY, 105, boulevard Haussmann.
BINOT DE VILLIER, 80, rue Taitbout.
BIOLLAY, 74, boulevard Malesherbes.
BIRON (comte E. de), 1, avenue de la Tour-Maubourg.
BISSAC (duc de), 47, rue de Varennes.
BLACAS (comte de), 52 bis, rue de Varennes.
BLAISE, 31, rue de la Victoire.
BLANCHET (Ant.), 12, cité Malesherbes.
BLANCHE (docteur), 1, rue Berton-Passy.
BLANCHE (Alfred), 75, boulevard Malesherbes.
BLANCHE DE PAUNNIAS, 80, avenue de la Grande-Armée.
BLANCHÈRE (de la), 139, boulevard Haussmann.
BLANCHET, 118, rue de Rivoli.
BLAMPIGNON, 52, rue de Varennes.
BLOCK (Maurice), 63, rue de l'Assomption.
BLOCQUEVILLE (marquise de), 9, quai Malaquais.
BLONDEL, 20, quai du Louvre.
BOCHER, 55, rue de Varennes.
BOEIL (comtesse de), 101, rue du Bac.
BOÏELDIEU, 15, rue Scribe.
BOESSWILWALD, 19, rue Hautefeuille.
BONAFFÉ, 48, rue de la Faisanderie.
BONITEAU (Albert de), 44, rue Laffitte.
BONNECHOSE (Ch. de), 133, rue Saint-Dominique.
BONVOULOIR (vicomte de), 15, rue de l'Université.
BONNETTY, 39, rue de Babylone.
BORDERIEU (Pilippe de), 19, rue de Larochefoucauld.
BORDET, 71, rue de Monceau.

PARIS (Suite)

Bordier, 182, rue de Rivoli.
Borrel, 11, rue du Sommerard.
Bosc, 20, rue des Écoles.
Bosquillon (Veuve), 69, rue Saint-Dominique.
Bouché, 62, rue d'Assas.
Boucher (Richard), 12, rue Miroménil.
Boudet, 10, boulevard Malesherbes.
Boudier, archiviste paléographe, 20, rue Gaillon.
Bouillé (comte de), 52, rue de Courcelles.
Bouini, 41, rue de la Victoire.
Bouis (de), 168, faubourg Saint-Honoré.
Boulatignier, 45, rue de Clichy.
Bouland, 22, rue des Saints-Pères.
Boulinière (de la), 99, rue Neuve-des-Petits-Champs.
Bourbé, 50, boulevard Malesherbes.
Bourbon-Busset (comte de), 25, rue Saint-Dominique.
Bourg (de), 11 *bis*, passage Sainte-Marie, 62, rue du Bac.
Bournet-Verron (Paul), 83, rue Saint-Honoré.
Bournisien, 65, rue de l'Abbé-Groult.
Boussingault, 6, rue des Vosges.
Boutaric, 115, boulevard Saint-Michel.
Boutaric, 60, rue des Francs-Bourgeois.
Boutillier (le comte Léon de), 70, rue de Ponthieu.
Boutmy, 11, rue de Médicis.
Boutray (baron de), 101, rue du Bac.
Bouvier (Amédée), 5, rue de Crussol.
Bouwens, 1, rue de Boulogne.
Boyd, 12, rue Balzac.
Bracquemont (de), 15, rue Las-Cases.
Brakelmann, 40, rue de Chabrol.
Brame, 71, rue Saint-Dominique.
Braun, 71, rue Miromesnil.
Bréal, 63, boulevard Saint-Michel.

Bréda (le comte de), 17, rue Chanaleilles.
Bréhier, 11, rue d'Alger.
Brissac (de), rue d'Aguesseau.
Brissaut, professeur au collége Charlemagne, 18, rue de Rivoli.
Broglie (le duc Albert de), 10, rue Solférino.
Brolemann, 10, boulevard Haussmann.
Brouty, 42, rue de Trévise.
Bruel, aux Archives nationales.
Brunet, 34, rue Soufflot.
Brunet de Presles (Wladimir), 61, rue des Saints-Pères.
Buffet, 15, quai Conti.
Bucquet, 4, rue Saint-Arnaud.
Bulher, 43, rue Meslay.
Bulteau, 6, rue du Sentier.
Burget (comte Henri de), 20, rue de l'Université.
Burin-Desrosiers, 266, boulevard Saint-Germain.
Burty (Ph.), 11, boulevard des Batignolles.
Busseroles (Charles Camusat), 10, rue de Lisbonne.
Bussière (le baron Edmond de), 84, rue de Lille.
Bussière (le baron Léon de), 8, rue Cambacérès.
Busson-Billault, 176, rue de Rivoli
Caboche, 14, rue de l'Ancienne Comédie.
Caffarelli (le comte de), 58, rue de Varennes.
Cahen, 9, rue Boissy-d'Anglas.
Cailleux (Alphonse de), 49, rue Laffitte.
Caillebotte (l'abbé), 39, rue de Lyon.
Cajat, 10, rue Saint-Dominique.
Capelle, 52, rue de Vaugirard.
Carmejane (Maurice de), 63, rue de Seine.

PARIS (Suite)

CARMES (Écoles des), 76, rue de Vaugirard.
CARNOT fils, 2, rue Montaigne.
CARUEL DE SAINT-MARTIN (le baron), 7, avenue de la Reine-Hortense.
CASENAVE, 11, rue Bellechasse.
CASTAING, 19, rue Nicot.
CHABRILLAN (Paul Guignes de Morton de), 30, avenue Montaigne.
CHABRILLAN (Hippolyte-Camille-Fortuné Guignes de Morton de), 10, rue Christophe-Colomb.
CHALEMBERT (Comte de), 1, quai d'Orsay.
CHAMBARAUD, 58, boulevard Saint-Germain.
CHAMBELLAN, 2, rue Chanoinesse.
CHAMBORD (Comte de), représenté par le comte de LA FERRONNAYS, 34, cours la Reine.
CHAMPAGNY (vicomte Franz de), 46, rue Saint-Dominique.
CHAMPLOUIS (baron Nau), 41, boulevard de la Tour-Maubourg.
CHANTÉRAC (marquis de), 9, rue Bellechasse.
CHAPUSOT (docteur Paul), 99, rue du Bac.
CHARDIN, 64, boulevard Haussmann.
CHARDIN, 7, rue Duperré.
CHATIGNIER, 6, rue Bonaparte.
CHAUCHAT, 121, boulevard Haussmann.
CHAUVELOT, 28 bis, rue Richelieu.
CHENET (docteur), 33, rue de Paris-Belleville.
CHEVALIER (Léon), 216, rue de Rivoli.
CHEVALLIER, 63, rue du Cardinal-Lemoine.
CHIMAY (prince de), quai Malaquais.
CHOISEUL (Albert de), 59, rue de l'Université.
CIBIEL, 24, avenue Gabriel.
CISTRIA (le prince de), 104, rue Saint-Dominique.

CLAIR (le R. P.), 35, rue de Sèvres.
CLAMECY (le baron de), 5, rue Tronchet.
CLAVEAU, 5, rue Bonaparte.
CLERMONT (de), 108, rue du Bac.
CLERMONT-TONNERRE (marquis de), 78, rue de l'Université.
CLERMONT-TONNERRE (le comte de), 67, rue Saint-Dominique.
CŒURÉ, 49, Sainte-Anne.
COLLOT (Auguste), 190, rue de Rivoli.
COMBES, 8, rue Laffitte.
COPPÉE, 12, rue Oudinot.
COLIN DE VERDIÈRE, 88, rue Bonaparte.
COLMARD DE LAFAYETTE, 58, rue de la Chaussée-d'Antin.
COLMET-D'AAGE (Henri), 44, rue de Londres.
COQUEREL, 50, rue de la Chaussée-d'Antin.
CORDIER, 1, rue d'Albe.
CORDIER, 7, rue Blanche.
CORIOLIS D'ESPINOIS (marquis de), 121, rue de Grenelle.
CORNU, 37, boulevard Saint-Michel.
CORNUDET (vicomte Alfred), 88, rue de Grenelle.
COSNAC (Jules de), au château du Pin, par Masseret (Corrèze), et 37, rue de Varennes.
COTTIN, 15, rue de la Baume.
COUESSIN (comte de), 19, rue Mazarine.
COURCEL (Valentin Chodron de), 81, boulevard Saint-Michel.
COURCY (de), 58, rue Richelieu.
COURAJAUD (Louis), 46, rue Saint-Dominique.
COUSIN, bibliothécaire de la Ville, rue Sévigné.
COUSINO, 4, rue de Presbourg.
COURTILS (comte des), 53, rue Babylone.
CRESSON, 41, rue du Sentier.

PARIS (Suite)

CRISTOPHE, 9, rue de Grenelle.
CROZES (Charles de), 15, rue du Cherche-Midi.
CRUVEILHIER, 3, rue des Pyramides.
CUMONT (vicomte de), 65, rue Richelieu.
DALLOZ, 18, rue Vanneau.
DAMAS (le comte de), 81, rue Saint-Dominique.
DANGLARD (l'abbé), 30, rue de Pontoise.
DARCEL (Alf.), 23, rue de la Chaussée-d'Antin.
DARD (baron), 108, rue Saint-Lazare.
DARESTE, 9, quai Malaquais.
DARU (vicomte Paul), 356, rue Saint-Honoré.
DAVID, 11, rue Montalivet.
DAVILLIER (baron Ch.), 23, rue de la Chaussée-d'Antin.
DEFFAY, 3, place des Victoires.
DEFREMERY, 42, rue du Bac.
DEHEQUE, 50, rue de Bourgogne.
DEKERMARECK, 56, rue Blanche.
DELABORDE (vicomte H.), 45, rue Blanche.
DELALAIN, 82, rue de Grenelle.
DELAMARRE (Théodore), 73, rue Neuve-des-Petits-Champs.
DELAS (Henri), 14, rue Saint-Dominique.
DELISLE, 13, rue d'Hauteville.
DEMAY (Ernest), 1, rue Léonie.
DENIÈRE, 29, boulevard Malesherbes.
DESAIX (comte), 15, avenue Montaigne.
DESCHAPELLES, 17, boulevard de la Madeleine.
DESMAISONS, 23, place Vendôme.
DESMOUSSEAU DE GIVRÉ, 79, rue de Lille.
DESNOYERS (Jules), 36, rue Geoffroy-Saint-Hilaire.
DESNOYERS, 103, rue du Bac.
DESPREZ fils, 6, place de la Bourse.

DES ROYS (vicomte Ernest), 11, rue de la Tour-Maubourg.
DESTAILLEURS, 11 bis, passage Sainte-Marie.
DEUDON (Charles), 6, rue Godot-de-Mauroy.
DEVAUX-BEAUVAIS, 1, quai Voltaire.
DEVIENNE, 12, place Vendôme.
DIDOT (Amb.-F.), 56, rue Jacob.
DOLFUS, 1, avenue Marigny.
DEHÉRÉ (Hipp), 14, rue Demours-Ternes.
DOUBLE (Léopold), 9, rue Louis-le-Grand.
DOUCET, 21, rue de la Paix.
DREUX-BRÉZÉ (marquis de), place du Palais-Bourbon.
DREYSS (Ch.), 27, rue de Buci.
DROMONT, 6, rue Vaugirard.
DROUYN DE LHUYS, 47, rue François Ier.
DUBIEF, directeur du collège de Sainte-Barbe.
DUBOIS (G.), 57, rue Saint-Jacques.
DUBOIS, 61, faubourg Montmartre.
DUBOIS (Louis-Charlemagne), 66, rue Larochefoucauld.
DUBOIS DE L'ESTANG, 366, rue Saint-Honoré.
DUCHATEL (comte Tanneguy), 69, rue de Varennes.
DUCHATEL (vicomte), 9, rue des Écuries-d'Artois.
DUCHINSKA (Mme), 142, rue du Bac.
DUCLOS (l'abbé), 56, rue des Petites-Écuries.
DUCOUDRAY (G.), 33, rue d'Assas.
DUFAURE (J.), ancien ministre, 48, rue de Provence.
DUFOUR (l'abbé Valentin), aumônier à Mazas.
DUFRESNE (Robert), 7, rue Castiglione.
DU LONG DE POSNAY (vicomte), 43, faubourg Saint-Honoré.

PARIS (Suite)

Du Mesnil (Armand), 28, rue Saint-Georges.
Duplessis (G.), 47, rue Bonaparte.
Dupont (Edmond), 60, rue Francs-Bourgeois.
Du Pont (comte), 40, rue Barbet-de-Jouy.
Durand-Dassier, 8, rue de Presbourg.
Duriez de Verninac, 23, rue Boissy-d'Anglas.
Duruy, ancien ministre, 82, rue de Rennes.
Dutens (Alfred), 4, rue d'Argenson.
Duval (Raoul), 45, rue François 1er.
Duverdy, 1, place Boïeldieu.
Duvergier de Hauranne, 5, rue de Rivoli.
Egger, 48, rue Madame.
Escaille (l'abbé d'), 2, rue Casimir-Perier.
Escudier, 7, rue d'Enghien.
Espard (d'), 16, rue des Capucines.
Espeleta (comte d'), 10, avenue du Roi-de-Rome.
Fagon, 50, rue Mazarine.
Faustin-Élie, 13, rue Singer, à Passy.
Feillet (A.), 8, rue Séguier.
Fernand-Nunez (duc de), 45, rue François 1er.
Ferrari (le docteur Pie), 65, rue Turbigo.
Ferrère (Raoul), 37, avenue Montaigne.
Ferronays (comte Fernand de la), 34, cours la Reine.
Feuillet de Conches, 73, rue Neuve-des-Mathurins.
Fitz-Gerald, 5, place d'Eylau.
Flandin, 58, rue de la Chaussée-d'Antin.
Flavigny (la vicomtesse de), rue d'Anjou-Saint-Honoré.
Floquet, 25, rue de l'Arcade.
Fouché-Lepelletier, 85, rue de Grenelle-Saint-Germain.
Foulon, 4, rue Madame.
Fourchy, 266, boulevard Saint-Germain.
Fournier, 10, rue de Douai.
Frank, 44, rue Laffitte.
Fredault, 35, rue Bellechasse.
Frémy, 17, rue Neuve-des-Capucines.
Fresne (Marcellin de), 15, rue Bellechasse.
Freteau de Peny (Herold-René-Jean-Baptiste-Emanuel, baron de), 47, rue de Verneuil.
Frottier de la Coste (marquis), 23, place Vendôme.
Gagarin (le R. P.), 35, rue de Sèvres.
Gaidoz, 32, rue Madame.
Gaillard (Léopold de), à Bollène (Vaucluse), et 3, rue des Saints-Pères.
Galichon (Émile), 182, rue de Rivoli.
Galitzin (prince Alexandre de), 4, rue l'Arcade.
Galitzin (le prince Auguste), 37, rue Babylone.
Ganays (marquis de), 45, rue Jean-Goujon.
Gardey (l'abbé), 37, rue du Bac.
Gaspaillart, 59, rue de Clichy.
Gatteaux, 41, rue de Lille.
Gaule (J. de), 286, rue de Vaugirard.
Gatier (Léon), 6, rue Furstemberg.
Gazeau (le R. P.), 18, rue Lhomond.
Genty, 95, rue d'Amsterdam.
Geoffroy-Chateau, 1, rue Boudreau.
Gérardin, 31, rue de Vaugirard.
Gerbidon, 2, rue Dumont-d'Urville.
Gerin (Charles), 33, rue du Cherche-Midi.
Germain (Eug.), 58, rue du Bac.
Germiny (le comte E. de), 32, rue du Bac.
Gerome, 15, place Royale.
Gervais, 52, rue de la Victoire.
Gibert, 7, faubourg Poissonnière.
Girard, 17, rue Montmartre.

PARIS (Suite)

GIRARD DE RIALLE, 31, rue des Batignolles.
GIRARDIN (l'abbé), 44, rue du Bac.
GIRY, 17, rue Bonaparte.
GLANDAZ, 9, boulevard de la Madeleine.
GODEFROY DE MÉNIGLAISE (marquis de), 63, rue de Grenelle.
GOMEL, 12, rue des Moulins.
GONCOURT (Ed. de), 53, boulevard Montmorency, Auteuil.
GONSE, 9, rue du Pré-aux-Clercs.
GOUGET, 52, rue du Château-d'Eau.
GOUGENOT DES MOUSSEAUX (le chevalier), 7, rue Godot-de-Mauroy, et à Coulommiers (Seine-et-Marne).
GOUPIL, 47, rue Laffitte.
GOUPIL DE PREFELN, 34, rue Taitbout.
GRAFENRIED-VILLARS (Baronne de), 39, rue du Colysée.
GRAMONT (comte), 91, rue de l'Université.
GRANDEAU (Louis), 29, rue Sainte-Placide.
GRANDIDIER, 20, rue Montaigne.
GRANGIER DE LA MARINIÈRE, 46, rue d'Amsterdam.
GRASILLIER, 4, place Saint-Sulpice.
GRAVIER, 5, rue de Seine.
GRAVOUELLE (le R. P.), 395, rue de Vaugirard.
GREFULHE (comte Ch.), 10, rue d'Astorg.
GRÉGOIRE fils, 10, rue de l'Abbaye.
GROUALLE, 8, rue Mont-Thabor.
GUADET, 83 bis, rue Notre-Dame-des-Champs.
GUESSARD (François), 87, Grand-Rue, Passy-Paris.
GUIGNÉ (de), 235, boulevard Saint-Germain.
GUILLAUME, 31, rue Magnan.
GUIZOT, 10, rue Billault.
HAENTJENS, 90, avenue des Champs-Élysées.

HALÉVY, 1, rue de Seine.
HALÉVY (Ludovic), 31, rue Larochefoucauld.
HALLAIS (marquis du), 8, rue Cirque.
HALNA DU FRÉTAY, 6, passage de la Madeleine.
HALPHEN (Eug.), 111, avenue de l'Empereur.
HANOYE, 35, rue Fontaine-au-Roi.
HARCOURT (comte Jean d'), 89, rue de l'Université.
HATON DE LA GOUPILLIÈRE, 6, rue Garancière.
HAURÉAU, bibliothécaire des Avocats, au Palais de Justice.
HAUSSMANN (Mme André), 166, faubourg Saint-Honoré.
HAUTPOUL (comte d'), 7, place du Palais-Bourbon.
HÉBERT, 14, place Vendôme.
HEINE, 21, avenue de la Reine-Hortense.
HELLOT, 1, rue de Boulogne.
HELLOT (Jules), 47, rue de la Chaussée-d'Antin.
HÉLY-D'OISEL (baron), 18, rue de la Ferme.
HENNET DE BERNOVILLE, 21, rue du Bac.
HENRI DE SOUTO, 7, rue d'Antin.
HENRIQUEL-DUPONT, 51, rue Saint-Lazare.
HERZ, 61, rue Dauphine.
HIMLY, 90, rue d'Assas.
HIRSCH, 40, rue d'Amsterdam.
HOMO (Émile), rue de Châteaudun.
HOUSSAYE (l'abbé), 10, rue de la Ville-Lévêque.
HOVELACQUE, 2, rue Fléchier.
HUESCAT (duc d'), 4, rue de l'Élysée.
HULOT, 21, quai Conti.
HUNOLSTEIN (baron d'), 45, rue de Varennes.
HYBORD, 20, rue Verneuil.
IMÉCOURT (d'), 38, cours la Reine.

PARIS (Suite)

Isnard-Suze (marquis de), 22, rue Billault.
Jacquemart (Albert), 1, rue Pergolèse.
Jacquemart (Jules), 1, rue Pergolèse.
Jamesson, 121, boulevard Malesherbes.
Janzé (comte de), 25, rue d'As org.
Jaubert (vicomte), 41, avenue Montaigne.
Jaugey (l'abbé), 6, rue David, à Passy.
Joberts (des), 38, avenue de l'Observatoire.
Joly de Bammeville, 8, rue Cambacérès.
Jonas, 52, rue Richer.
Jouglet, 17, rue Monge.
Jourdain, 21, rue du Luxembourg.
Jozon, 28, rue Jacob.
Jubinal (Achille), 8, rue Boudreau.
Juigné (marquis de), 83, rue de Grenelle.
Kamikoff (de), 13, rue de Condé.
Kann, 48, rue Richer.
Keller (Émile), 14, rue d'Assas.
Keller, 4, rue de Chevreuse.
Kératry (comte de), 41, rue de l'Université.
Kersaint (vicomte de), 26, rue de la Ville-Lévêque.
Kergorlay (comte Christian de), 23, rue Saint-Dominique.
Kergorlay (Hervé, comte de), 48, rue de Varennes.
Kob, 29, rue Jacob.
Kuhn, 3, rue Scribe.
Labanon de Roston (la princesse), chez M. Bérenger, 42, rue du Bac.
Labarthe, 2, rue Drouot.
Laborde, 5, rue Billault.
Laboulaye, 34, rue Taitbout.
Labruyère, 5, rue Médicis.
Lacabane, 81, avenue des Ternes.
Lacave-Laplagne, 97, rue Saint-Lazare.

La Caze (Pedre baron), 93, rue Saint-Dominique.
Lacazé (Louis), 107, rue de Grenelle.
Lachaud, 11, rue Bonaparte.
La Chaumelle (de), 1, quai d'Orsay.
Lacombe (H. de), 17, rue de Sèvres.
Lacordaire, 21, rue Cujas.
La Cour (E. de), 46, rue Jacob.
La Cour (de), 46, rue Jacob.
Lacroix (Paul), 1, rue de Sully.
La Faulotte (Ernest de), 60, rue Caumartin.
La Ferrière-Percy (comte de), au château de Rongefeugerai, par Athis (Orne), et 8, rue du Helder.
La Ferronnays (comtesse de), 34, cours la Reine.
La Ferté-Meun (marquis de), 46, rue du Bac.
Lafond (Edmond), 75, rue de Grenelle.
Lafond, 75, rue de Grenelle.
La Grange (le marquis de), 29, rue Barbet-de-Jouy.
Laguerre, 4, rue Blanche.
Laguerre (Léon), 17, rue de Monceau.
Lahure (Charles), 9, rue de Fleurus.
Lair (Jules), place de l'Ourcq, 204, Rotonde de la Villette.
Lalanne (Ludovic), 20, rue de Condé.
Laloy, 169, rue de Paris, Belleville.
Lambelle (vicomte), 33, rue Saint-Dominique.
Landon (E.), 11, rue de la Bienfaisance.
Lange, 15, rue Treilhard.
Lanjuinais (vicomte), 14, rue Moncey.
La Panouse (Arthur, vicomte de), 9, rue des Saussaies.
Laplagne-Barris (Paul), 8, rue Caumartin.
Laporte (Laurent), 44, rue Madame.
Larcy (baron de), 29, rue Cambacérès.

PARIS (Suite)

LARGENT (Rev. P.), prêtre de l'Oratoire, 11, rue du Regard.
LARNAC (Julien de), 8, rue du Cirque.
LA ROCHE-FONTENILLES (marquis de), 11, rue Saint-Dominique.
LA ROCHEFOUCAULD (duchesse de), 72, rue de Varennes.
LAROSE (de), 8, rue Greffulhe.
LASCOU (J.-B.), 88, rue de l'Université.
LASSUS (Marc, baron de), 57, boulevard Malesherbes.
LATENA (de), 23, rue d'Aumale.
LA TOUR DU PIN (marquise de), 63, rue de la Pépinière.
LA TRÉMOILLE (duc de), 69, rue de Varennes.
LAUNAY (Alphonse de), 4, rue Boursault.
LAURENT-PICHAT, 39, rue de l'Université.
LAURENT, 12, rue François Ier.
LAURIER, 17, rue Joubert.
LAVAUR DE SAINTE-FORTUNADE, 52, rue de Seine.
LAVEZAC, 5, rue de Médicis.
LA VILLEGILLE (Arthur de), 12, rue de Seine.
LAVISSE, 5, rue de Médicis.
LEBLOND, 85, rue d'Hauteville.
LA CHÈRE (Jules de), 116, avenue des Champs-Elysées.
LECLERC, 12, rue d'Auteuil.
LECLERC DE LANNOY, 8, rue de Milan, et à Trouville (Calvados).
LECOINTRE (Pierre), 29, rue Cambacérès.
LEFEBVRE (Paul), 105, rue de Douai.
LEFÈVRE DE VIÉVILLE (Paul), 51, rue Taitbout.
LEFÈVRE-PONTALIS, 37, rue Neuve-des-Mathurins.
LEFFEMBERG (de), 4, rue Solférino.
LEFORT, 5, rue de Condé.
LEFUIL, 61, rue du Rocher.

LE GARS, 24, quai de Béthune.
LEHMANN (L.), 55, rue des Petites-Écuries.
LEHMANN (A.), 53, faubourg Poissonnière.
LELOUP DE SANCY, 31, rue Godot-de-Mauroy.
LEMAIRE, 16, rue des Quatre-Fils.
LEMERCIER (Anatole, vicomte), 8, rue de l'Université.
LEMONNIER, 15, rue Malher.
LENOIR, 14, rue Bonaparte
LENORMANT (François), 27, quai Conti.
LÉOUZON-LEDUC, 37, rue des Missions.
LE ROY-BEAULIEU (Anatole), 69, rue Pigalle.
LESIEUR, 116, boulevard Magenta.
LESPÉRUT (de), 10, rue Cirque.
LESPINASSE (René de), 80, rue Varennes.
LE TELLIER DE LA FOSSE, 19, rue Neuve-des-Capucines.
LEUVEN (de), 6, rue de la Faisanderie.
LEVASSEUR, 26, rue Monsieur-le-Prince.
LEVEN, 42, rue de Trévise.
LEVIEZ, 18, rue Duphot.
LÉVY, à l'Observatoire.
L'HÉRAULT (Tristan de), 7, rue Las-Case.
LHERMITTE, 12, rue de Buci.
LHOPITAL, 18, rue Louis-le-Grand.
LIKHATCHOFF (l'amiral), 11, rue Montaigne.
LION, 17, rue Gay-Lussac.
LIOUVILLE, 15, rue des Moulins.
LOCKROY, 30, rue de l'Oratoire-du-Roule.
LOEB, 37, rue de Trévise.
LOUGNON, 28, rue d'Astorg.
LONGUEIL (Paul de), 12, rue Bayard.
LONGUERRUE (Roger de), 96, rue de Grenelle.
LORGERIL (vicomte Paul de), au château de Vaulréault, par Saint-Meloir

PARIS (Suite)

des Ondes (Ille-et-Vilaine), et 10, avenue de Villars.
LOSTANGES (le comte de), 7, rue du Regard.
LOT (Henri-Ernest), 14, rue Saint-Florentin.
LOUFT, 5, place Saint-Blaise.
LOUVANCOURT (de), 66, rue d'Amsterdam.
LOUVRIER DE LAJOLAIS, 19, quai Bourbon.
LOWY, 75, rue N.-D.-des-Champs.
LOYER (Paul), 6, rue Bonaparte.
LOYSEL, 48, rue Pergolèse, et 7, cité Dupont.
LUCAS, 8, boulevard Denain.
LUÇAY (le vicomte de), 90, rue de Varennes.
LUCE (Siméon), 4, rue Chanoinesse.
MABILE DU CHESNE (Georges), 241, rue Saint-Honoré.
MAGNE, 26, avenue Montaigne.
MAGNIN, 17, rue Saint-Florentin.
MAIGRE (Louis), 43, rue du Colysée.
MAILLÉ (comte de), 165, boulevard Haussmann.
MAILLÉ (duc de), 119, rue de Lille.
MALLET, 35, rue d'Anjou-Saint-Honoré.
MALOUET (le baron), 6, rue Bellechasse.
MANCEAU, 9, boulevard Malesherbes.
MANIN, 55, rue d'Hauteville.
MANNIER, 8, rue de l'Université.
MARCOU, 70, rue des Écoles.
MARGUERIN, 17, rue du Vert-Bois.
MARIN-DARBEL, 32, rue de Clichy.
MARION, 17, place de la Madeleine.
MARMIER, 12, rue de l'Odéon.
MAROLLES (de), ancien magistrat, 43, rue du Cherche-Midi.
MARTIN (l'abbé Paulin), 59, rue Meslay.
MARTIN-WILLIAM, 13, avenue de la Reine-Hortense.
MARTIN (Henri), rue du Ranelagh, à Passy.
MARTIN DU NORD, 18, rue Sainte-Anne.
MARTINET, 11, rue Auber.
MARTROY (vicomte de), 25, quai Voltaire.
MARTY-LAVEAU, 1, rue Gay-Lussac.
MARVILLE, 40, rue de la Ville-Lévêque.
MASSÉNA D'ESSLING (prince André), 8, rue Jean-Goujon.
MASSÉNA (Victorin duc de Rivoli), 8, rue Jean-Goujon.
MASSON (l'abbé E.), 22, rue de Londres.
MASSON G(.), 14, rue de Clichy.
MONTAGRIN, 8, boulevard des Invalides.
MATHIEU-BODET, 4, rue de Sèze.
MAURAN (l'abbé), 33, rue de Tournon.
MAURY, 60, rue des Francs-Bourgeois.
MAVIDAL, 126, rue de l'Université.
MAY (G.), 90, rue la Victoire.
MAZE (Alph.), 95, avenue des Champs-Élysées.
MEISSONNIER, 40, rue des Acacias.
MELCHIOR (comte de), 93, rue de l'Université.
MÉLIOT, 116, rue d'Assas.
MELLET (comte de), 93, rue de l'Université.
MELON DE PRADOU, 16, Chaussée-de-la-Muette.
MENU DE SAINT-MESMIN, au collége Chaptal.
MÉRÉ (la comtesse de), 14, rue Oudinot.
MERVAL (comte du Barry de), 38, rue des Écuries-d'Artois.
MESLIER, 81, boulevard Malesherbes.
MÉTIVIER, 15, rue de la Mairie, à Belleville.
MEUNIER, 36, rue Blanche.

PARIS (Suite)

MEUNIER DU HOUSSAYE, 30, rue Blanche.
MÉVIL (Mme veuve), 10, rue de Varennes.
MEYER, 99, rue de la Tour, à Passy.
MIGNET, 14, rue d'Aumale.
MILCENT, 29, rue de la Chaussée-d'Antin.
MILHAU, 83 bis, rue de la Chaussée-d'Antin.
MILLOT, 117, avenue des Champs-Élysées.
MIREPOIX (Mme de Montmorency-Laval, duchesse douairière de), 17, rue de Varennes.
MOIGNON, 3, rue des Pyramides.
MOINERY, 18, rue du Cloître-Saint-Merry.
MOLAND, 157, boulevard Montparnasse.
MONCLAR (marquis de), 10, rue Bellechasse.
MONOD (Gabriel), 52, rue de Vaugirard.
MONJEAN, 25, rue Blanche.
MONIN-JAPY, 11, rue du Château-d'Eau.
MONSEIGNAT (Ch. de), 27, avenue d Iéna.
MONTAIGLON (Anatole de), 9, place Royale.
MONTBRISON (Georges de), 71, boulevard Haussmann.
MONTESQUIOU (Ludovic, comte de), 66, rue de Rennes.
MONTESQUIOU-FEZENSAC (duc de), 5, rue de la Baume.
MONTGOLFIER, 210, rue de Rivoli.
MONTIGNY (baron de), 40, rue Barbet-de-Jouy.
MONTIGNY (baronne de), 40, rue Barbet-de-Jouy.
MONTJULIN (Mme de), 19, rue Marignan.
MONTLAUR (marquis de), 44, rue du Cherche-Midi.
MOREL, 26, rue des Écoles.

MORIN (Ernest), 44, rue Larochefoucauld.
MORTEMART (le comte de), 268, boulevard Saint-Germain.
MORTEMART (marquis de), 16, rue Matignon.
MOUCHY (duc de), 33, boulevard de Courcelles.
MOURIER, passage Sainte-Marie, 2 bis, rue du Bac.
MUSSY (de), 4, rue Saint-Arnaud.
NADAILLAC (marquis de), 12, rue d'Anjou-Saint-Honoré.
NARCILLAC (comte), 105, rue de l'Université.
NAUDET, 184, rue de Rivoli.
NEIRAC (de), 28, avenue de Neuilly.
NETTANCOURT-VAUBECOURT (vicomte René de), 72, rue de Varennes.
NEUFLIZE (Mme la baronne de), chez Mme Marcuart, 17, rue La Fayette.
NEUVILLE (vicomte Paul de), 91, rue de l'Université.
NEY (Napoléon-Jules), 1, rue des Écoles.
NICARD (Pol), 37, rue de Sèvres.
NICOLAY (marquis), 80, rue Lille.
NIGON DE BERTY, 19, rue Mazarine.
NISARD (Désiré), 2, rue Casimir-Delavigne.
NOAILLES (Paul, duc de), 43, rue de l'Université.
NOAILLES (marquis de), 66, rue de Lille.
NOE (comte Roger de), 110, rue du Bac.
NOIRMONT (Dunoyer de), 5, rue Royale-Saint-Honoré.
NOLLET, 50, rue Jacob.
NOS (comte des), 21, rue de la Ville-Lévèque.
NUGENT (le vicomte de), 5, rue du Regard.
ODIOT (Ernest), 17, rue de Suresnes.
OGIER DE BAULNY, 19, rue Las-Case.

PARIS (Suite)

OHNET, 4, avenue Trudaine.
OILLIAMSON (marquis d'), 45, rue de Grenelle.
OLCOTT, 55, rue de Châteaudun.
OPPERT (Jules), 19, rue Mazarine.
ORDEINSTEIN, 7, rue de Provence.
ORVILLE, 75, rue Saint-Dominique.
OSMOY (comte d'), 229, rue Saint-Honoré.
PAGÈS (Léon), 110, rue Bac.
PAILLET (Eugène), 20, rue Moncey.
PAILLETTES, 89, rue Neuve-des-Mathurins.
PANNIER, 94, rue d'Hauteville.
PAQUET (René), 34, rue Gay-Lussac.
PARAVEY, 44, rue des Petites-Écuries.
PARENT DE ROSAN, 122, route de Versailles, 3, Villa de la Réunion, à Paris-Auteuil.
PAROND, à Abbeville (Somme), et 4, rue de Tournon.
PASCAL, 9, rue de Paradis-Poissonnière.
PASCALIS, 18, rue de l'Université.
PASQUIER, 48, rue Jacob.
PASSY (A.), 69, rue Pigalle.
PASSY (Edgard), 116, boulevard Haussmann.
PATIN (Henri), secrétaire perpétuel de l'Institut, à l'Institut.
PAULMIER (Charles), 25, boulevard Poissonnière.
PAUMIER (le pasteur), 27, rue Saint-Guillaume.
PAZZO (duc de), 51, rue de l'Université.
PECQUEUX, 24, boulevard Poissonnière.
PELET DE LA LOZÈRE (comte), 8, rue Boissy-d'Anglas.
PELLETIER (Jules), 46, avenue Gabrielle.
PEPIN LE HALLEUR (Émile), 14, rue Castiglione.
PERIGOT, 44, boulevard Saint-Michel.
PERONNE, 265, rue Saint-Honoré.

PERRET, 28, rue Barbet-de-Jouy.
PERROCHEL (vicomte Fernand de), 56, rue Bellechasse.
PETAUD DE MAULETTE, 67, rue Raynouard, à Passy-Paris.
PETIT, 14, rue Jean-Goujon.
PEYRAT, 4, rue Say.
PIAT, 49, rue Saint-Maur.
PICARD, 18, rue Sainte-Anne.
PICHON (baron Jérôme), 17, quai d'Anjou.
PICOT, 54, rue Pigalle.
PILLET-WILL (comte), 14, rue Moncey.
PINEL DE GRANDCHAMP, 68, boulevard de Strasbourg.
PISANÇON (marquis de), au château de Pisançon, par Bourg-du-Péage (Drôme), et 48, rue Neuve-Saint-Augustin.
PITOYE (de), 22, rue Oudinot.
PLANTIER, 36, rue de la Chaise.
PLŒUCQ (marquis de), à la Banque de France.
PODENAS (Louis, comte de), 31, rue de la Baume.
POISSON (baron Charles), 53, rue de Rome.
POMMERAYE (Mlle Zoé de la), 13, rue des Missions.
PORTAL (F. de), impasse du Coq, rue Saint-Lazare.
POUGNY (Ernest), 144, avenue des Champs-Élysées.
POURTALÈS (le comte de), 25, rue de Londres.
POURTALÈS (le comte E. de), rue Tronchet.
PRESSENSÉ (de), 78, rue de Londres.
PRIEUR DE LA COMBLE, 8, rue du Louvre.
PRON (baron), 52, faubourg Saint-Honoré.
QUICHERAT (de l'Institut), 16, rue de Savoie.

PARIS (Suite)

QUICHERAT (Jules), 19, rue Casimir-Delavigne.
QUIQUEREZ (E.), 12, rue Caumartin.
QUIQUEREZ (Aug.), 12, rue Caumartin.
RAIGECOURT (marquis de), 3, place du Palais-Bourbon.
RAINEVILLE (comte de), 5, rue du Regard.
RANCHER (Fernand de), 52, rue de la Victoire.
RASILLY (marquis de), 9, rue Taranne.
RASTOUL, 12, avenue du Maine.
RATHÉRY, 12, rue des Saints-Pères.
RATYÉ D'ESCANIN, 50, rue des Écoles.
RAVAISSON, 1, rue de Sully.
RAVENEL, 5, rue de Crussol.
RAYMOND (vicomte), 350, rue Saint-Honoré.
RÉAD, 2, boulevard Saint-Germain.
RÉAL, 73, rue de la Pépinière.
REBER, 15, rue de Condé.
RÉCAMIER (Ét.), 1, rue du Regard.
REDRON, 5, rue Tronchet.
REISET, 5, rue Cambacérès.
REISSET (le comte de), 3, rue de la Baume.
RENOUARD DE BUSSIÈRES (baron), hôtel de la Monnaie.
RENOUARD, 4, rue Chauveau-Lagarde.
REVERCHON, 9, rue de Poitiers.
REVERSSEAU (comte de), 8, rue Gaillon.
REY (E.), 35, rue Billault.
REYBAUD, 6, rue Blanche.
RHONÉ (Arthur), 2, rue des Pyramides.
RIANT (comte Paul), 10, rue de Vienne.
RIBAUD (Maxime), 39, rue de Bourgogne.
RICHÉ, 214, rue de Rivoli.
RICHECOUR (A. de), 70, rue de Grenelle.
RICHEMOND (de), 18, quai de la Mégisserie.
RICORD (le Docteur), 6, rue Tournon.
RIGAUD, 12, rue Fortin.

RIGNY (Mme de), née Bassompierre, 40, rue du Bac.
RIS (comte Clermont de), 101, rue Saint-Dominique.
ROBILLARD, 19, rue Laffitte.
ROCHE-AYMON (comte de la), 34, cours la Reine.
ROCHEJACQUELEIN (marquis de la), 10, rue Solférino.
ROCQUAIN, 15, rue Vanneau.
ROGER (l'abbé), 44, rue Bellechasse.
ROTHSCHILD (baron Edmond de), 19, rue Laffitte.
ROTHSCHILD (baron Gustave de), 25, rue Laffitte.
ROUSSY (Henri de), 64, rue Bellechasse.
ROQUEPLAN, 20, rue Taitbout.
ROUGÉ (de), 49, rue de Grenelle.
ROUGEOT, 31, avenue Trudaine.
ROUJOUX (baron de), 82, rue d'Amsterdam.
ROULIN, 21, quai Conti.
ROUSSEL, 52, faubourg Poissonnière.
ROUSSIGNÉ, 11, rue Taitbout.
ROY (Jules), 19, rue d'Assas.
ROYER (de), 56, rue de Vaugirard.
ROYS (marquis Ernest de), 12, place Vendôme.
SAILLARD, 35, rue Tronchet.
SAINT-AIGNAN (comte de), 63, rue de Lille.
SAINT-ALBIN (D.), 4, rue Boudreau.
SAINT-AULAIRE (marquis de), 122, rue de Grenelle.
SAINTE-CLAIRE DEVILLE, 3, rue du Regard.
SAINTE-FOY (de), 47, rue de l'Université.
SAINT-PRIEST (comte de), 56, rue Basse-du-Rempart.
SALEL DE CHASTANET, 62, rue de Provence.
SANDEAU, 27, quai Conti.
SANNÉ, 22, place Vendôme.

PARIS (Suite)

Sarrazin, 1, rue Laffitte.
Sassenay (comte Fernand de), 75, faubourg Saint-Honoré.
Savoye, 11, rue Matignon.
Sazerac de Forge, 7, rue Perronet.
Schickler, 17, place Vendôme.
Schmidt, 33, rue Bonaparte.
Schweitzer (baron), 44, rue Abbattucci.
Senneville (Gaston de), 8, rue de l'Université.
Sers (marquis de), 35, boulevard des Capucines.
Serrurier (comte), 1, rue d'Argenson.
Serven, 32, rue Mont-Thabor.
Seynes (de), 29, rue Saint-Guillaume.
Singer, 17, quai Malaquais.
Sommerard (du), au musée de Cluny.
Talabot, 17, rue Laffitte.
Talhouet-Roy (marquis de), 137, faubourg Saint-Honoré.
Tardy, 28, rue du Cherche-Midi.
Tardif, 19, rue de Bourgogne.
Tassin, 39, rue Saint-Georges.
Teulet, 27, rue de Turenne.
Texier, 39, Chaussée-d'Antin.
Théodore (l'abbé), 52, rue de la Victoire.
Thérion, 84, rue d'Assas.
Tocqueville, 25, rue d'Astorg.
Toffey, 211, rue Saint-Honoré.
Toulmon (Eug. de), 7 bis, rue des Saints-Pères.
Tourville (Letendre de), 18, rue de Berry.
Tribert, 14, rue Matignon.
Tripier (général), 42, rue d'Anjou-Saint-Honoré.
Turntey, 60, rue des Francs-Bourgeois.
Uzès (le duc d'), 7, rue la Chaise.

Valençay (la duchesse de), 14, rue Fortin.
Vallée (Oscar de), 12, rue Vezelay.
Vandermarcq, 76, rue de Lille.
Vaney, 47, rue du Luxembourg.
Vatimesnil (Albert de), 11, avenue des Champs-Élysées.
Vatry (Alphonse de), 20, rue Notre-Dame-de-Lorette.
Vaudoyer, 7, rue Lesueur.
Vaudremer, 77, rue d'Enfer.
Vendeuvre (Gabriel de), 4, rue de Penthièvre.
Vidart (comte de), 85, rue Saint-Dominique.
Villefosse (Antoine, Héron de), 22, rue Montholon.
Villequier (la baronne de), 6, rue du Regard.
Vinet, 1, rue Madame.
Vitet (Ludovic), 9, rue Barbet-de-Jouy.
Vogüé (comte Melchior de), 2, rue Fabert.
Wailly (N. de), 30, rue Raynouard, Passy-Paris.
Walckenaer (Charles), 52, rue Saint-Georges.
Waziers (L. de), 95, rue Royale.
Watteville (O. baron de), 63, boulevard Malesherbes.
West, 13, rue Bonaparte.
Zakarin, 11, rue de Lisbonne.
Zamoiski (prince), 24, rue François 1er.
Zamoyski (comte Thomas), à Varsovie (Pologne), et 39, rue Neuve-des-Mathurins.
Zangiacomi, 18, rue de la Ferme-des-Mathurins.
Zeller, 83, rue du Cherche-Midi.

BIBLIOPHILES ET AMATEURS

DÉPARTEMENTS

BIBLIOPHILES ET AMATEURS

DÉPARTEMENTS

Achard fils, à Limoges (Haute-Vienne)
Adam, membre de la Société des Lettres, à Rodez (Aveyron).
Adville, 34, rue Houdan, à Sceaux.
Affre, à Rodez.
Aignan (L. D.), à Auch (Gers).
Ailleray (Eug.), à Luçon (Vendée).
Aix (la bibliothèque d'), à Aix (Bouches-du-Rhône).
Alart, à Perpignan (Pyrénées-Orientales).
Alban-Sernin, au château de Jouarrez par Azille (Aude).
Albertier, à Beaune (Côte-d'Or).
Allain (l'abbé), professeur de mathématiques à Bazas (Gironde).
Allemand, 34, quai de la Charité (Lyon).
Alviset, président de la cour, à Besançon (Doubs).
Alzon (le R. P.), supérieur de l'Assomption, vicaire général, à Nîmes (Gard).
Amy, juge, à Provins (Seine-et-Marne).
Ancelon (docteur), faubourg Saint-Georges, à Nancy.
Andé, à Napoléon-Vendée.
André, à Mende (Lozère).
Anger (l'abbé), au château d'Henneyer, par Montebourg (Manche).
Anisson-Duperron, 13, rue Colbert, à Versailles (Seine-et-Oise).
Anterrieu (Marius), maire de Gigean (Hérault).
Anthouard, avoué, au Vigan (Gard).

Arbaud (Paul), à Aix.
Arbaumont (Jules d'), rue Berbizey, à Dijon (Côte-d'Or).
Arbois de Jubainville (d'), à Troyes.
Arnaud (Émile), à Apt (Vaucluse).
Arnol, avocat, au Vigan (Gard).
Arpin (Émile) à Saint-Quentin.
Atger, ancien avoué, à Montpellier.
Aubert (l'abbé), curé de Renaucourt, par Château-Porcien (Ardennes).
Aubigny-d'Assy (comtesse d'), au château d'Assy, par Langannerie (Calvados).
Aubry de la Noé, à Cherbourg.
Andé (Lucien), au château de Granges-Cathus, près de Talmond (Vendée).
Audiat (Louis), à Saintes (Charente-Inférieure).
Augagneur, à Roanne (Loire).
Auger, juge, à Bourg (Ain).
Augier, conservateur de la bibliothèque, à Cherbourg (Manche).
Auvray (baron Paul), rue de l'Intendance, à Tours (Indre-et-Loire).
Avaize (Amédée d'), au Paras, par Perreux (Loire).
Aviat (abbé), à Saint-Julien-lès-Troyes (Aube).
Avignon (la bibliothèque d'), à Avignon (Vaucluse).
Aymard, au Puy (Haute-Loire).
Babinet de Rencogne, à Angoulême.
Baguenault de Puchesse (Gustave), à Orléans (Loiret).
Bagueneau de Vieville, à Orléans (Loiret).

DÉPARTEMENTS (Suite)

BAILLIENCOURT (de), à Saint-Omer (Pas-de-Calais).
BAILLY, professeur au lycée, à Orléans (Loiret).
BALANDE (de), à Saint-Félix d'Amon, par Milles (Pyrénées-Orientales).
BALAY (Ed.), à Mâcon (Saône-et-Loire).
BAR (Victor), boulevard de la Reine, 75, à Versailles.
BARBERAUD, à Bourges.
BARBIER, juge, à Montmorillon (Vienne).
BARBIER DE MONTAULT, au château de Maris, par Jaulnay (Vienne).
BARDONNET (Abel), à Niort.
BARJAVEL, à Carpentras (Vaucluse).
BARNET, conservateur de la bibliothèque, à Nevers (Nièvre).
BARRAL DE BARET, propriétaire, à Montpellier.
BARRÉ, directeur des contributions indirectes, à Châteauroux (Indre)
BARRICAU, à Moulins (Allier).
BARTHE (abbé), à Carcassonne.
BASSEVILLE, à Orléans (Loiret).
BATAILLE, à Rouen.
BATON, à Verneuil (Eure).
BATTINI, à Ajaccio.
BAUDE, bibliothécaire, à Valognes (Manche).
BAUDOUIN, à Toulouse.
BAUX, archiviste, à Bourg (Ain).
BAYONNE (la bibliothèque de), à Bayonne (Basses-Pyrénées).
BAZILLE (Louis), à Montpellier.
BEAUCHET-FILLEAU, à Chefboutonne (Deux-Sèvres).
BAUFFREMONT (prince de), au château de Brienne (Aube).
BEAUNE (Henri), substitut du procureur de la République, à Dijon (Côte-d'Or).
BEAUREPAIRE (Charles de), à Rouen (Seine-Inférieure).

BEAUVILLE (Victor), à Montdidier (Somme).
BEAUVILLER, propriétaire à Montdidier (Somme).
BÉCHAMP, docteur en médecine à Montpellier.
BEGOUEN (comte), trésorier-payeur général, à Périgueux (Dordogne).
BELIZAL (comte Gouzillon de), au château de Granges, par Montcontour de Bretagne (Côtes-du-Nord).
BELLAING (de), au Buisson-Saint-Ouen, par Pocé (Indre-et-Loire).
BELLÉE, au Mans (Sarthe).
BELLENAVES (marquis de), à Bellenaves (Allier).
BENOIST, professeur à la Faculté, à Nancy (Meurthe-Moselle).
BÉRARD, à Nîmes.
BÉRENGER (marquis de), à Sassenage (Isère). 49, rue Jean-Goujon, Paris.
BERNARD, à Apt (Vaucluse).
BERNARD, à Guéret (Creuse).
BERNIS (marquis de), au château de Saint-Geniez, banlieue de Marseille (Bouches-du-Rhône).
BERTÈCHE fils, à Sedan (Ardennes).
BERTHAUD, à Saint-Etienne (Loire).
BERTRAND (l'abbé), au collège Notre-Dame, à Auteuil (Seine).
BERTRAND, à Mirecourt (Vosges).
BERTUOT, imprimeur, à Montauban (Tarn-et-Garonne).
BESANÇON (la bibliothèque de) à Besançon (Doubs).
BESSON, à Vesoul (Haute-Saône).
BESSOT DE LAMOTHE, à Nîmes (Gard).
BIENVENU, à Saint-Hilaire-des-Loges (Vendée)
BIERMANN (Charles), imprimeur, à Montauban (Tarn-et-Garonne).
BILLARDEL, avoué, à Langres (Haute-Marne).
BISSON (A.), à Avignon (Vaucluse).
BIZOT, à Orange (Vaucluse).

DÉPARTEMENTS (Suite)

Blacas (duchesse de), 81, rue Saint-Dominique, Paris, à Vérignon, par Aups (Var).
Blanc, à Montpellier.
Blancard, archiviste à Marseille.
Blanchard, notaire, à Condé-sur-Noireau (Calvados).
Blanchet, à Montivilliers (Seine-Inférieure).
Blanchon, à Saint-Julien en Saint-Alban.
Blavy, avoué, à Montpellier.
Blin, à Cambrai (Nord).
Boca, à Amiens (Somme).
Bogros (le docteur), à Château-Chinon (Nièvre).
Boisroger (de), à Chartres.
Boissezon (de), à Castres (Tarn).
Boissieu (Henri de), à Chartres (Eure-et-Loir).
Boissin (Firmin), rédacteur en chef du *Messager de Toulouse*, à Toulouse (Haute-Garonne).
Boitel (l'abbé), chanoine titulaire, à Châlons (Marne).
Bonald (le vicomte de), 7, rue de la bibliothèque, à Versailles (Seine-et-Oise).
Bondy (le comte Emile Taillepied de), au château de Chassay, à Sainte-Luce, près Nantes (Loire-Inférieure).
Bonnefond, à Guéret (Creuse).
Bonnelye, à Tulle.
Bonnet, à Bordeaux.
Bonneval (de), à Nancy (Meurthe-et-Moselle).
Bordeaux (Raymond), avocat, à Évreux (Eure).
Bort (Gabriel), notaire, à Montpellier.
Bosseville, à Amfreville-la-Campagne (Eure).
Bossut (l'abbé), professeur au collège catholique, à Besançon (Doubs).
Boucher de Mulandon, à Orléans (Loiret).

Boucheret, avoué, à Neufchâtel (Seine-Inférieure).
Boucherie (Anatole), professeur au lycée de Montpellier.
Bouchet, à Chambéry.
Boudet, ancien ministre, à Louverné (Mayenne).
Bouhot, à Semur.
Boulay (de la), conservateur de la bibliothèque, à Langres (Haute-Marne).
Boulenger, à Neufchâtel (Seine-Inférieure).
Bourbon-Lignières (comte de), au château de Lignières (Cher).
Bourcet, juge, à Châtillon-sur-Seine Côte-d'Or).
Bourcier-de-Villier (Aimé de), au château de Gircourt (Vosges).
Bourg (Antoine du), 31, rue du Vieux-Raisin, à Toulouse.
Bourges (la bibliothèque de), à Bourges (Cher).
Bourgon, président honoraire, à Besançon (Doubs).
Bourguignon, à Evreux (Eure).
Bourlier (l'abbé), chanoine supérieur de la maîtrise à la cathédrale, à Chartres (Eure-et-Loir).
Bourquelot (docteur), à Provins (Seine-et-Marne).
Bourqueney, à Besançon.
Bouver, à Brest.
Bouvier (Alexis), à Asnières (Seine).
Boyer (L. de), à Toulouse.
Boyron, trésorier du barreau, à Moulins (Allier).
Boys (Alfred du), ancien magistrat, rue du Général-Marchand, à Grenoble (Isère).
Bréauté, à Louviers (Eure).
Brébisson, bibliothécaire de la ville, à Falaise (Calvados).
Brémont d'Ars (comte Anatole de),

DÉPARTEMENTS (Suite)

au château de la Porte-Neuve, par Quimperlé (Finistère).
BRÉON, à Semur.
BRÉSILION, à Château-Thierry (Aisne).
BRESSON, architecte, à Lyon.
BRETILLOT, à Besançon.
BROCARD, conservateur du musée, à Langres (Haute-Marne).
BRISSE (René), avocat, à Rennes (Ille-et-Vilaine).
BROSSES (comte de), secrétaire général de la préfecture, à Nice (Alpes-Maritimes).
BROUIN (Amédée de), à Dijon (Côte-d'Or).
BRUCE (comte de), au château d'Hazillemont (Ardennes).
BRUGUIÈRE-FONTENILLE, avocat, à Clermont-l'Hérault.
BRUN (Raymond), au Vigan (Gard).
BRUNET, à la bourse, à Bordeaux (Gironde).
BRUNET DE BOYER, rédacteur en chef de l'*Impartial du Loiret*, à Orléans.
BONNETIÈRE, juge, à Fontenay-le-Comte (Vendée).
BRUZARD, à Semur.
BUISSON (Jules), à Carcassonne.
BULLY (de), à Meaux (Seine-et-Marne).
BUNOUT (Eugène), à Saint-Germain (Seine-et-Oise).
BUQUET, à Elbeuf (Seine-Inférieure).
BURE (Charles-Philibert-Albert de), adjoint au maire, à Moulins (Allier).
BURGADE, fils, à Libourne (Gironde).
BUREAU (Léon), 15, rue Gresset, à Nantes (Loire-Inférieure).
BURET, avocat, à Caen (Calvados).
CABANIS, avocat, 5, rue Velane, à Toulouse (Haute-Garonne).
CAEN (la bibliothèque de), à Caen (Calvados).
CALAN (Louis de Lalande de), à Quimper (Finistère).
CALLAND, à Soissons (Aisne).

CALLARD D'AZU, avocat, à Beaune (Côte-d'Or).
CALLEN (l'abbé), à la Primatiale, à Bordeaux (Gironde).
CALLUAUD, à Abbeville (Somme).
CAMERLE (l'abbé Scipion), curé, à Lambert, par Digne (Basses-Alpes).
CANDIE, à Saint-Etienne.
CANEL, à Pont-Audemer (Eure).
CAPETTER (Gustave), à Angoulême.
CARAFFA (baron), à Bastia.
CAREL, professeur à la faculté de droit, à Caen (Calvados).
CARLIER, architecte, à Montpellier.
CARNANDET, à Chaumont (Haute-Marne).
CARON, à Arras.
CARON, 59, rue des Capucines, à Caen (Calvados).
CARRÉ, à Semur.
CARRO, à Meaux.
CARRON (Emile), au château de la Mauvière, par Gevezé (Ille-et-Vilaine), et 14, rue des Réservoirs, à Versailles (Seine-et-Oise).
CARS (duc des), 73, rue de Grenelle, à Paris ; au château de Sourche, par Conlie (Sarthe).
CARSIGNOL, 26, rue Bellecour, à Lyon (Rhône).
CASATI, juge d'instruction, à Lille (Nord).
CASTAING (l'abbé), sous-préfet des classes, au petit séminaire, à Bordeaux (Gironde).
CASTAN, à Besançon.
CAUBET, à Guelma (Algérie).
CAUSANS (A. de), au château de Causans, par Jonquières (Vaucluse).
CAUVET, avocat, à Narbonne.
CAUX, à Dunkerque (Nord).
CAVALIER, professeur à la faculté de médecine, à Montpellier.
CAVANIOL (Henri), à Chaumont (Haute-Marne).

DÉPARTEMENTS (Suite)

CAZALIS, docteur en droit et en médecine, à Montpellier.

CAZALIS DE FONDOUCE, propriétaire à Montpellier.

CAZENOVE (Raoul de), 66, rue Nationale, à Lyon (Rhône).

CERCLE (le) de la rue Neuve, à Grenoble (Isère).

CÉRÈS (l'abbé), archiviste à Rodez (Aveyron).

CHABER, propriétaire, à Montpellier.

CHALLE, à Auxerre (Yonne).

CHAMBRAY (comte de), à Saint-Amour (Jura); 9, rue de Varennes, à Paris.

CHAMPAGNY (vicomte Paul de), au château de Keranroux, par Morlaix (Finistère).

CHAMPFLEURY, à Sèvres (Seine-et-Oise).

CHANAL, avocat, à Nantua (Ain).

CHANCÉ, à Avranches (Manche).

CHANCEL, doyen de la faculté des sciences, à Montpellier (Hérault).

CHANDON DE BRIAILLES, à Epernay (Marne).

CHANGEUR, à Saint-Jean-d'Angély.

CHAPÉ, à Semur.

CHAPOT (l'abbé), aumônier, à la Providence, à Nîmes (Gard).

CHARBONNIER, à Brest.

CHARENCEY (comte Hyacinthe de), 11, rue Saint-Dominique, à Paris; à Saint-Maurice-lès-Charencey (Orne).

CHARENTENAY (René de), à Dijon (Côte-d'Or).

CHARETTE (la baronne de), au château de la Conterie, par Ancenis (Loire-Inférieure).

CHARLES, à Montauban (Tarn-et-Garonne).

CHARMEIL, à Bourges.

CHARNASSÉ (Anatole de), à Autun (Saône-et-Loire).

CHARPIN-FEUGEROLLES (comte de), 119, rue de Lille, à Paris, et au château de Feugerolles, par Le Chambon (Loire).

CHARTRES (la bibliothèque de), à Chartres (Eure-et-Loir).

CHASSIGNET, sous-intendant militaire, à Nancy (Meurthe-et-Moselle).

CHATEL, archiviste paléographe, à Caen (Calvados).

CHAUFFIER (l'abbé), à la Roche-Bernard (Morbihan).

CHAULIEU (baron de), à Vire (Calvados).

CHAUSSON, à Avallon (Yonne).

CHAVAGNAC (marquis de), au château de la Rougère, par Château-Gontier (Mayenne).

CHAVERONDIER, à Saint-Étienne.

CHAZAUD, à Moulins (Allier).

CHAZELLES (Léon de), au château de Canières, par Aigueperse (Puy-de-Dôme).

CHEREST, à Auxerre (Yonne).

CHERGÉ (de), à Angoulême.

CHERON, archiviste, à Gap (Hautes-Alpes).

CHERTIER, à Nogent-sur-Seine (Aube).

CHERUEL, recteur de l'académie à Poitiers (Vienne).

CHEVALLIER (l'abbé C.-U.-J.), à Romans (Drôme).

CHEVILLARD, ancien magistrat, à Lons-le-Saunier (Jura).

CHEVREUIL, ancien magistrat, à Dijon (Côte-d'Or).

CHEZJEAN, à Joigny (Yonne).

CHOISNARD, à Chatellerault (Vienne).

CHOTARD, professeur à la faculté des lettres, à Besançon (Doubs).

CIBE, propriétaire, à Cazouls-lès-Béziers (Hérault).

CLAPIER (de), à Marseille.

CLAUDE, à Albi (Tarn).

CLÉMENT, docteur en médecine, maire de Frontignan.

CLOUET, à Verdun (Meuse).

DÉPARTEMENTS (Suite)

Cochet (l'abbé), à Dieppe (Seine-Inférieure).
Coet, à Roye (Somme).
Cohen, à Rouen.
Cohendy, à Clermont-Ferrand (Puy-de-Dôme].
Colas (l'abbé), chanoine titulaire à la métropole, à Rouen.
Colin, bibliothécaire, à Pont-à-Mousson (Meurthe-et-Moselle).
Collard (Alfred), lieutenant-colonel d'artillerie en retraite, à La Grange-Neuvé, par Arquian (Nièvre).
Collin, archiviste du département à Chaumont (Haute-Marne).
Colson (docteur), à Noyon (Oise).
Combarieu, à Cahors (Lot).
Combes, à Castres (Tarn).
Combettes-Labourdie (de), à Gaillac (Tarn).
Combette du Luc, à Rabastens (Tarn).
Compayré, à Teyssades (Tarn).
Conmoy, bibliothécaire, à Moulins (Allier).
Constant, à Langres (Haute-Marne).
Cornet-Peyrusse, à Carcassonne.
Cornillac, à Châtillon-sur Seine.
Corrard de Bréban, à Troyes.
Corrasse, bibliothécaire, à Menton (Alpes-Maritimes).
Cornandet, conservateur de la bibliothèque, à Chaumont (Haute-Marne).
Cornet (l'abbé), directeur du grand séminaire, à Bourg (Ain).
Cosnier, à Angers (Maine-et-Loire).
Coste, notaire à Quarante (Hérault).
Costel, avocat, à Troyes (Aube).
Cotteant, à Auxerre (Yonne).
Coural, à Toulon (Var).
Couret, substitut du procureur de la République, à Sens (Yonne).
Cournault (Ch.), à Malzéville (Meurthe).
Courtalon, à Digne (Basses-Alpes).
Courtiller, au château de Précigné (Sarthe).
Couture (Léonce), professeur de philosophie, rédacteur en chef de la *Revue de Gascogne*, à Auch (Gers).
Crapellet, 74, boulevard Maillot, à Neuilly (Seine).
Crespin, à Orléans.
Creusot, à Semur.
Croiset, à Auch.
Crolet (l'abbé L.), rue des Arsènes, à Dôle (Jura).
Croset (Paul), à Marseille.
Crozet (de), propriétaire, à Marseille.
Cugnac (marquis de), au château de Fondelin, par Condom (Gers).
Culié (Justin), à Alby.
Cultru, à Senlis (Oise).
Cumont (de), à Lhopiteau, par Sillé-le-Guillaume (Sarthe).
Cunain-Gridaine, à Sedan (Ardennes).
Cuvelier, à Fives-lès-Lille (Nord).
Dacier, archiviste, à Niort (Deux-Sèvres).
Daiguzon, juge, Châteauroux (Indre).
Dalbara (Jean), à Nice (Alpes-Maritimes).
Dard (Paul), docteur, à Dijon (Côte-d'Or).
Darralde, procureur de la République, à Argentan (Orne).
Darras, officier de marine, à Angoulême (Charente).
Dartiges, à Poitiers (Vienne).
Dauger (comte), au château de Menneval, par Bernay (Eure).
Dauphinot, à Reims.
Daviel (Ernest), avocat, à Rouen (Seine-Inférieure).
Davin, à Dôle.
Deandris, agent consulaire d'Italie, à Montpellier.
Dégérine, agent voyer, à Annecy (Haute-Savoie).

DÉPARTEMENTS (Suite)

Degout (abbé), à Melun (Seine-et-Marne).
Dehaines (l'abbé), conservateur du département, à Lille (Nord).
Delaherche, à Beauvais.
Delaistre (Gustave), rue Beauvoisine, à Rouen (Seine-Inférieure).
Delattre (Victor), à Cambrai (Nord).
Delayant, à La Rochelle.
Delettre, à Épernay (Marne).
Delmas, à Saumur (Maine-et-Loire).
De Lunaret, à Montpellier.
Delpech, à Montauban (Tarn-et-Garonne).
Delpit (Jules), à Bordeaux (Gironde).
Delmotte, avocat, à Saint-Omer (Pas-de-Calais).
Deloye (A.), à Avignon (Vaucluse).
Demange, à Mirecourt (Vosges).
Demarsy, conservateur du musée, à Compiègne (Oise).
Denjoy (Henri), à Fleurance (Gers).
Denis, avocat, à Saint-Lô (Manche).
Derennes, à Quimper.
Desaivres, à Champdenois (Deux-Sèvres).
Desbarreaux, à Toulouse.
Deschamps (Jules), à Rouen.
Deschamps de Pas, à Saint-Omer (Pas-de-Calais).
Desjardins, archiviste, à Versailles.
Des Meloizes, conservateur des eaux et forêts, à Bourges (Cher).
Desnoyers (abbé), vicaire général, à Orléans (Loiret).
Desplanques, archiviste, à Lille (Nord).
Despont (Édouard), à Fleurance (Gers).
Des Sorbiers de la Tourasse (Amédée), à Valence-d'Agen (Lot-et-Garonne).
Detroyat, propriétaire, à Pau.
Deulin, banquier, à Épernay (Marne).
Deville, à Alençon (Orne).

Dieppe (la bibliothèque de), à Dieppe (Seine-Inférieure).
Dieu, à Saint-Lô (Manche).
Dieudonné, à Besançon (Doubs).
Digard de Cussa, à Cherbourg (Manche).
Digne-Villeneuve (de la), à Rennes.
Dijon (la bibliothèque de), à Dijon (Côte-d'Or).
Doazan, propriétaire à Fins (Cher).
Dobrée (Th.), à Nantes.
Doisnard, à Lisieux (Calvados).
Domergue (général), à Montpellier.
Donat, à Gaillac (Tarn).
Dorange, à Tours.
Doublet, 10, rue de Provence, à Versailles (Seine-et-Oise).
Doullay, à Chartres.
Douyan, à Tarbes (Hautes-Pyrénées).
Dreux-Brézé (la marquise de), au château de Lurcy, par Dornes (Nièvre)
Druet, à Charolles (Saône-et-Loire).
Dubois (comtesse), au château de Vitry, près Paris (Seine).
Dubois d'Auby, à Auby, près Douai (Nord).
Dubosc, à Saint-Lô (Manche).
Duchesne (l'abbé), archiviste paléographe, professeur de l'école de Saint-Charles, à Saint-Brieuc (Côtes-du-Nord).
Ducis (abbé), à Annecy (Haute-Savoie).
Dufour de la Thuillerie, à Séez (Orne).
Duhamel, à Épinal (Vosges).
Dulhé de Saint-Projet (l'abbé), chanoine honoraire, à Toulouse (Haute-Garonne).
Dulac (Jules), juge, à Compiègne (Oise).
Dumas, docteur en médecine, à Cette.
Dumast (de), à Nancy (Meurthe-et-Moselle).

DÉPARTEMENTS (Suite)

Du Parc (le comte), à Dijon (Côte-d'Or).
Duparck, à Saint-Mihiel (Meuse).
Duplès-Agier, 16, rue Saint-Louis, à Versailles (Seine-et-Oise).
Dupré, à Blois.
Durand, à Chartres.
Durand de Lançon, à Bois-d'Abert, par le Châtelet (Cher).
Duroy de Brugnac, 9, rue Saint-Antoine, à Versailles (Seine-et-Oise).
Duru (abbé), à Auxerre (Yonne).
Dusassoy, à Joigny (Yonne).
Dussert, à Bagnères-de-Bigorre (Hautes-Pyrénées).
Duteis, à Villeneuve-sur-Lot (Lot-et-Garonne).
Du Temple, à Brest.
Dutreil, ancien député, à Laval (Mayenne).
Dutuit, à Rouen.
Duval, à Guéret (Creuse).
Duval (Louis), à Niort (Deux-Sèvres).
Duval, 3, rue d'Herbouville, à Rouen (Seine-Inférieure).
Epernay (la bibliothèque d'), à Épernay (Marne).
Ernault, préfet des études, à l'école d'Albert-le-Grand, à Arcueil (Seine).
Esgard, conservateur à la bibliothèque, à Montauban (Tarn-et-Garonne).
Espinois (Henri de l'), à Lumeray, par Amboise (Indre-et-Loire).
Espinois (E. de l'), 33, boulevard Beauvoisine, à Rouen (Seine-Inférieure).
Espitalier, négociant, à Cette.
Estabel-Luce, à Douai (Nord).
Estaintot (vicomte Robert d'), aux Autels-Doudeville (Seine-Inférieure).
Estève (le comte), villa Saint-Lucie, à Pau (Basses-Pyrénées).
Estor, professeur agrégé à la faculté de médecine, à Montpellier.

Faber-Lefebvre, à Cambrai (Nord).
Fabre, président du tribunal, à Saint-Étienne (Loire).
Fabregat, secrétaire de la Société archéologique de Béziers (Hérault).
Fabrige, avocat, à Montpellier.
Falcon, à la Chaise-Dieu (Haute-Loire).
Fallières, avocat, au Passage d'Agen (Lot-et-Garonne).
Farrat, docteur en médecine, à Montpellier.
Farcou (l'abbé), vicaire à Sainghin-en-Woeppe, par Fournes (Nord).
Farfouillon, architecte, à Lyon.
Fauchereau (l'abbé), vicaire général à Chartres (Eure-et-Loir).
Favernay (comte de), 3, rue Gravelle, à Versailles (Seine-et-Oise).
Fayet (l'abbé), à Hyds, par Commentry (Allier).
Fedacque, archiviste, à Vire (Calvados).
Fédérique, à Vire (Calvados).
Féret, à Clermont-de-l'Oise (Oise).
Féret, à Dieppe (Seine-Inférieure).
Ferry, à Saint-Dié (Vosges).
Feugé, à Provins (Seine-et-Marne).
Fieffé, à Carcassonne.
Fillion (l'abbé), directeur du grand séminaire, à Reims (Marne).
Fillon (Benjamin), à Fontenay-le-Comte (Vendée).
Finot, à Lons-le-Saulnier.
Finot, à Troyes.
Fleury, à Beauvais.
Fleury (de), archiviste, à Blois.
Fleury, à Rochefort-sur-Mer.
Floquet, à Fromentin (Calvados).
Fontan, à Mazamet (Tarn).
Fontenay (Harold de), à Autun (Saône-et-Loire).
Fontenilles (marquis de), 11, rue Saint-Dominique, à Paris; au château de Rambourses, par Oisemont (Oise).

DÉPARTEMENTS (Suite)

Fontette (de), aux Monts, par Villers-Bocage (Calvados).
Forbin d'Opède (marquis de), au château de Saint-Marcel, banlieue de Marseille (Bouches-du-Rhône).
Foresta (le marquis de), au château de Tours, par Marseille (Bouches-du-Rhône).
Forestié (Ed.), à Montauban (Tarn-et-Garonne).
Forton (vicomte de), propriétaire, à Montpellier.
Fosset, à Avesnes (Nord).
Fouché (Lucien), à Évreux (Eure).
Fouchères (Rigault de), ancien magistrat, à Étampes (Seine-et-Oise).
Fouques, propriétaire, à Montpellier.
Fourmont (de), à Nantes.
Fournier, rue Gobinot, à Bordeaux (Gironde).
Fourquet, à Perpignan (Pyrénées-Orientales).
Fraisse, au palais des Arts, à Lyon.
Franqueville (Ch. de), au château de la Muette, à Passy-Paris ; au château de Bourbilly (Côte-d'Or).
Frapart, à Versailles.
Frappier (Paul), à Niort.
Frayssinet, à Auch.
Frelet de Bourbonne, à Dijon (Cote-d'Or).
Fréteau de Pény (baron), à Vaux-le-Pény (Seine-et-Marne).
Friès, 109, rue de France, à Fontenaibleau (Seine-et-Marne).
Friess-Colonna (de), à Ajaccio.
Gabriel, 26, rue Hau, à Marseille.
Gadoin, président du tribunal, à Cosne (Nièvre).
Gaffarel, professeur d'histoire, à Tours (Indre-et-Loire).
Gaillard de Saint-Germain, à Beauvais.
Galametz (comte de Brandt de), 137, rue Saint-Gilles, à Abbeville (Somme).

Galard de Béarn (comte), au château de Belbouc (Dordogne).
Galembert (comte de), au château de Parpacé, par Baugé (Maine-et-Loire).
Galopin, aux Raveaux, près Buxy (Saône-et-Loire).
Gambart, à Valenciennes (Nord).
Ganay (marquis de), à Étang-sur-Aroux.
Gandy (Georges), rédacteur de *l'Ordre et la Liberté*, à Valence (Drôme).
Gariel, à Avallon (Yonne).
Gariel, bibliothécaire, à Grenoble (Isère).
Garinet, à Châlons-sur-Marne.
Garnier, à Amiens (Somme).
Garnier, à Dijon.
Garnier, à Laval (Mayenne).
Gassart (vicomte Didier de), au château de Courtonne, par Saint-Germain-la-Campagne (Eure).
Gassart (vicomte Raymond de), au château d'Esson, par Thury-d'Harcourt (Calvados).
Gaudin (l'abbé), à Saint-Mars-la-Bruyère, par le Mans (Sarthe).
Gaudin, à Montpellier.
Gaudineau, à Napoléon-Vendée.
Gaugain, 4, rue de la Marine, à Caen (Calvados).
Gaullier (de), à Niort.
Gaultry, notaire, à Fontainebleau (Seine-et-Marne).
Gauthier, archiviste, à Lyon.
Gauthier, avocat, à Nîmes (Gard).
Gay (l'abbé), vicaire général, 11, rue Sans-Fortunat, à Poitiers (Vienne).
Gentil, à Auch.
Genty de Bussy, à Tours (Indre-et-Loire).
Gérard, à Boulogne-sur-Mer (Pas-de-Calais).
Gergrès, à Bordeaux.
Germa, avoué, à Montpellier.

DÉPARTEMENTS (Suite)

Germain, à Montpellier (Hérault).
Germain (Louis), à Niort.
Germer-Durand, à Nîmes (Gard).
Germont, à Chartres.
Giacomelli, 74, rue Duplessis, à Versailles.
Gibert (l'abbé), professeur à l'institut Notre-Dame, à Auteuil (Seine).
Gilbert (père), à Aix.
Gilbert (Honoré), fils, à Aix.
Gillet, conservateur de la bibliothèque, à Châlons (Marne).
Gillon, bibliothécaire, à Bar-le-Duc (Meuse).
Ginot, avocat, à Pau (Basses-Pyrénées).
Girard (de), membre du conseil général, à Montpellier.
Giraud (Paul-Emile), à Romans (Drôme).
Giraud de Prangey, à Langres (Marne).
Girod (Ed.), à Pontarlier.
Gobillon (René), à Thiron-Gardais (Eure-et-Loir).
Godet, à Saumur (Maine-et-Loire).
Godin, à Arras (Pas-de-Calais).
Gommecourt (baron de), à Abbeville (Somme).
Gordon, bibliothécaire adjoint à la faculté de médecine, à Montpellier.
Gouget, à Bordeaux.
Gouget (A.), à Castres (Tarn).
Gouriet, docteur, à Niort.
Grand (Paul), place Bellecour, à Lyon.
Grandeau-Lacretelle, à Pont-à-Mousson (Meurthe et-Moselle).
Grandville (Léonce de), au château de Vauville, par Touques (Calvados).
Gras (Pierre), à Montbrison (Loire).
Grasset, président de chambre, à Dijon (Côte-d'Or).
Grasset (Louis), avocat, à Montpellier (Hérault).
Grasset (Térence), officier supérieur en retraite, à Montpellier.

Grasset, à Varzy (Nièvre).
Gravelle-Desulis, à Alençon (Orne).
Grenoble (la bibliothèque de), à Grenoble (Isère).
Grimaudière (de la), au château de la Hamonnais, par Châteaubourg (Ille-et-Vilaine).
Grolleau (S. G. Mgr), évêque, à Évreux (Eure).
Gros, à Draguignan (Var).
Guénard, à Besançon.
Guérard (Mme veuve François), 26, rue Saint-Denis, à Abbeville (Somme).
Guérin, 12, rue d'Auteuil, à Auteuil (Seine).
Guibougère (l'abbé de la), chanoine, à Nantes (Loire-Inférieure).
Guichen (le comte de), à Sainte-Catherine, par Cirey (Meurthe-et-Moselle).
Guignard, à Dijon.
Guillard, à Chaumont (Haute-Marne).
Guillemin, à Châlon-sur-Saône (Saône-et-Loire).
Guillemot, au Puy (Haute-Loire).
Guillermet, à Lons-le-Saulnier.
Guilliard, à Chaumont (Haute-Marne).
Guiot (H.), à Chaumont (Haute-Marne).
Guirand, à Marseille.
Haldat (Charles de), à Nancy (Meurthe-et-Moselle).
Hamelin d'Ectot, à Saint-Waast la-Hougue (Manche).
Handjéry-Vlangali (prince), au château de Mannèbe, par Lisieux (Calvados).
Hanoye (Félix), à Avesnes (Nord).
Hanquez, substitut du procureur de la République, à Beaune (Côte d'Or).
Hardouin, rue Saint-Étienne, Lyon.
Hardy, à Dieppe (Seine-Inférieure).
Hariot, à Tonnerre (Yonne).

DÉPARTEMENTS (Suite)

HAURIE (Miss Emma), à Sauveterre-de-Béarn (Basses-Pyrénées).
HAUVEL (comte du), 9, rue d'Anjou-Saint-Honoré, Paris, et au Château-du-Pin, par Lisieux (Calvados).
HAVRE (la bibliothèque du), au Havre (Seine-Inférieure).
HÉDIN, à Alençon (Orne).
HÉDON, à Rouen.
HEINRICH (G.-A.), doyen de la Faculté des lettres, 29, avenue de Noailles, Lyon.
HENNEGNY, président du Conseil d'arrondissement, à Montpellier.
HÉRAULT (Alfred), à Chatellerault (Vienne).
HÉRICOURT (Hachemet, comte d'), rue Rouville, à Arras (Pas-de-Calais).
HEULZ, à Bayonne (Basses-Pyrénées.)
HOMBRES (Maximin), président du tribunal civil d'Alais (Gard).
HORDAING (Emile d'), notaire à Lonjumeau (Seine-et-Oise).
HOSDEZ, à Corbeil.
HOUDOY, à Lille.
HUBERT, à Châteauroux.
HUBERT, à Mézières (Ardennes).
HUC (baron), propriétaire, à Montpellier.
HUCHON, architecte, au Havre.
HUGON, à Baume-les-Dames.
HUGONIN (S. G. Mgr), évêque, à Bayeux (Calvados).
HUPIER, à Alençon (Orne).
IMBERT, à Niort.
ISNARD, archiviste, à Digne (Basses-Alpes).
IZAMBERT, conseiller de préfecture, à Chambéry (Savoie).
IZARN, à Evreux (Eure).
JACOB, à Saint-Quentin (Aisne).
JACQUES (dom Victor), bénédict'n de la congrégation de Sainte-Marie, à Genets, par Avranches (Manche).
JAFFUS, à Carcassonne.

JAL (A.), à Vernon (Eure).
JAMET (Claudio), avocat à Aix (Bouches-du-Rhône).
JARRET DE LA MAIRIE, au château de Marolles, par Baugé (Maine-et-Loire).
JARRY, à Orléans.
JARS, à Saint-Martin, près Senozan, par Mâcon (Saône-et-Loire).
JAYR (Camille), à Bourg (Ain).
JEANNEZ, à Besançon.
JEANNEZ, à Roanne (Loire).
JEANROY (l'abbé), vicaire, à Beurey-Faverney (Vosges).
JOBARD, à Besançon.
JOHANYS, à Valence.
JOLIBOIS, archiviste, à Albi (Tarn).
JOLY, à Auxerre (Yonne).
JOLY, à Lunéville (Meurthe-et-Moselle).
JOLY, à Saumur.
JOLY DE THUIZY, à Reims (Marne).
JOSSE (l'abbé), chanoine honoraire, professeur au petit Séminaire, à Séez (Orne).
JOUAN, huissier, à Mortagne-sur-Gironde (Charente-Inférieure).
JOUBAIRE, juge, à Guingamp (Côtes-du-Nord).
JOUBERT, à Brest.
JOUIN, à Angers (Maine-et-Loire).
JOURDAIN, à Rouen.
JUSSIEU (de), à Chambéry (Savoie).
KERDREL (Audren de), 2, rue Beaurepaire, à Rennes (Ille-et-Vilaine).
KERGORLAY (comte de), 8, avenue de Saint-Cloud, à Versailles, et au château de Fosseuse, par Méru (Oise).
KUHN (l'abbé), à Brouderoff, par Valérysthal (Meurthe-et-Moselle).
KUNHOLTZ-LORDAT, bibliothécaire de la Faculté de médecine, à Montpellier.
HUOT (l'abbé), 133 bis, boul. Mazas, Paris.
LABAT, à Montauban (Tarn-et-Garonne).

DÉPARTEMENTS (Suite)

La Baume (de), avocat, à Montpellier.
La Borderie (Arthur de), à Vitré (Ille-et-Vilaine).
Laboisse (de), à Laval (Mayenne).
Lachesnay (E. de), 10, place Perrache, à Lyon (Rhône).
Lacombe (Oscar), à Tulle.
Lacuisine (de), à Dijon (Côte-d'Or).
Ladoue (l'abbé de), ancien vicaire général, à Saint-Sever (Landes).
Lafargue (Ch.), à Agen (Lot-et-Garonne).
La Forest (de), à Tarbes (Hautes-Pyrénées).
Laforgue (Camille), propriétaire, à Quarante (Hérault).
Lafosse, docteur en médecine, à Montpellier.
Lagorce (l'abbé Louis), curé de Saint-Just en Doizieu, par Saint-Paul en Jarret (Loire).
Lagrange, à Limoges (Haute-Vienne).
Lagrèze-Fossat (Adrien), à Moissac (Tarn-et-Garonne).
Lahure, 10, rue Bossuet, au Havre (Seine-Inférieure).
Laigneau, à Chartres.
Laillier (l'abbé), à Sampau, par Dôle (Jura).
Laisné, substitut du procureur de la République, aux Andelys (Eure).
Lalanne, 23, rue Doidy, à Bordeaux.
Lalanne (l'abbé), ancien directeur du collège Stanislas, à l'institution Stanislas, à Cannes (Alpes-Maritimes).
La Londe (Ch. de), à Toulon (Var).
Lalore (l'abbé), à Troyes (Aube).
Lambel (comte de), au château de Fléville, par Nancy (Meurthe-et-Moselle) ; 33, rue Saint-Dominique, Paris.
Lambert (Arsène), place Saint-Étienne, à Auxerre (Yonne).

Lambert, à Bayeux (Calvados).
Lambert, à Carpentras (Vaucluse).
Lambert, professeur de musique, à Montpellier.
Lambert-Lassus, à Versailles.
Lambert-Lesage, à Saumur.
Lamezan (baron de), à l'Isle-de-Noé (Gers).
Lanchère (de), à Angoulême.
Langalerie, à Orléans.
Langle (Augustin de), à Vitré (Ille-et-Vilaine).
Langlois, à Nantes.
Laperlier, à Alger.
Laplagne-Barris, ancien officier de marine, à Montesquiou-sur-Losse (Gers).
Laplane (de), à Saint-Omer (Pas-de-Calais).
Laporte (Ed.), à Limoges (Haute-Vienne).
Larmoyer, 34, rue des Acacias, à Tours (Indre-et-Loire).
La Rue (Mlle Berthe), 71, rue de Satory, à Versailles.
La Sicotière (de), à Alençon (Orne).
Laurencel, à Fontainebleau (Seine-et-Marne).
Laurens (R.), conseiller à la cour d'appel, à Montpellier.
Lavalette (Daudée de), Grand-Cours, à Nîmes (Gard).
Lavau (Gaston de), au château de Moncé, par Pezou (Loir-et-Cher).
Laveille, bibliothécaire, à Coutances (Manche).
Lavergnie (de), à Niort (Deux-Sèvres).
Lavernette (marquis de), à Poiseuil, par Saint-Oyen (Saône-et-Loire).
Laverny, à Saintes.
Le Bar (Xavier), notaire, à Béziers (Hérault).
Lebenne, à Condom (Gers).
Lebeurier (l'abbé), ancien archiviste, à Evreux (Eure).

DÉPARTEMENTS (Suite)

Lebigre-Beaurepaire, rue Nationale, à Lille (Nord).
Leblanc (Paul), à Brioude (Haute-Loire),
Le Blanc, à la Chaise-Dieu (Haute-Loire).
Le Blanc - Bellevau, à Nevers (Nièvre).
Leboitteux, à Séez (Orne).
La Boulaye (de), à Langres (Haute-Marne).
Le Brun, juge de paix, à Oger, par Avize (Marne).
Le Brun-Dalbanne, à Troyes.
Le Caron de Troussures, à Beauvais (Oise).
Le Charpentier, à Saint-Maixent (Deux-Sèvres).
Le Cavalier, à Caen.
Lecointe, 5, rue Mougenot, a Saint-Mandé (Seine).
Lecointre - Dupont, à Poitiers (Vienne).
Lecoq, à Chartres.
Lecoq, doyen de la Faculté des sciences, à Clermont-Ferrand (Puy-de-Dôme).
Lecoq d'Arpentigny, à Saint-Lignaire, par Niort.
Lecotier (Augustin), à Château-Gonthier (Mayenne).
Lecourt, à Pont-Lévêque (Calvados).
Ledain-Bélisaire, conseiller de préfecture à Poitiers (Vienne).
Leduc, à Chartres.
Lefebvre (Ch.), à Cambrai (Nord).
Lefebvre, à Chartres.
Leger (Louis), 92, avenue de Paris, à Rueil (Seine-et-Oise).
Legrand, à Napoléon-Vendée.
Legros (E.), 3 bis, rue Ernest-Leroy, à Rouen (Seine-Inférieure).
Le Hardy, à Rots, par Bretteville-l'Orgueilleuse (Calvados).
Lelong, à Chartres.

Lemaire (l'abbé), à Arras, (Pas-de-Calais).
Lemaire, à Melun (Seine-et-Marne).
Le Mareschal, à Beauvais (Oise).
Lemarié, à Saint-Jean-d'Angély.
Le Marois (Alph.), au château de Lude, par Saint-Sauveur-le-Vicomte (Manche).
Le Men, à Quimper.
Le Mennicier, propriétaire, à Saint-Lô (Manche).
Lemercier (le comte), 17, quai d'Orsay, à Paris, et à Saintes (Charente-Inférieure).
Lemière, à Morlaix.
Lemoine, à Joinville (Haute-Marne).
Léotard, 5, rue Bousquet, à Montpellier (Hérault).
Lepage, à Nancy (Meurthe).
Lepère, à Auxerre (Yonne).
Lepesant, 5, rue Geoffroy-Montbray, à Coutances (Manche).
Lepetit (l'abbé), à Caen (Calvados).
Lépinois (E. de), 33, boul. Beauvoisine, à Rouen (Seine-Inférieure).
Le Roux (Fernand), 5, rue Royale, à Saint-Quentin (Aisne).
Leray, à Laval (Mayenne).
Leroy, à Cambrai (Nord).
Leroy (G.), à Melun (Seine-et-Marne).
Lestainville (F. de), au Boscourcelles, par Fleury-sur-Andelle (Eure).
Letissier, à Laval (Mayenne).
Letourneur, avoué, à Baugé (Maine-et-Loire).
Leuridan, à Roubaix (Nord).
Levesque, ancien notaire, à Mantes (Seine-et-Oise).
Lille (la bibliothèque de), à Lille (Nord).
Liotard, à Nîmes.
Livonnière (comte de), au château de Chavigné, par Beaufort (Maine-et-Loire).

DÉPARTEMENTS (Suite)

Livrot (l'abbé), curé de Brette, par Parigné (Sarthe).
Limbourg, avocat, à Metz (Lorraine).
Lisbonne, président du conseil général, à Montpellier.
Lockart (James A.), négociant, au Havre (Seine-Inférieure).
Loiseleur, à Orléans (Loiret).
Loisy (Albert de), à Arceau, par Mirebeau (Côte-d'Or).
Loray (marquis de), à Besançon (Doubs).
Lorin, à Auxerre (Yonne).
Loriquet, conservateur de la Bibliothèque, à Reims (Marne).
Lormier, avocat, 13, rue Socrate, à Rouen (Seine-Inférieure).
Louchet, substitut de la République, à Etampes (Seine-et-Oise).
Louvancourt, ancien notaire, à Chartres (Eure-et-Loir).
Louviers (la bibliothèque), à Louviers (Eure).
Luc (du), substitut du procureur de la République, à Montpellier.
Mabire (l'abbé), vicaire général, à Bayeux (Calvados).
Macé, professeur d'histoire, à Grenoble (Isère).
Macon (l'académie de), à Mâcon (Saône-et-Loire).
Madden, 6, rue Saint-Louis, à Versailles (Seine-et-Oise).
Magdeleine, à Lagny-sur-Marne (Seine-et-Marne).
Magen, à Agen (Lot-et-Garonne).
Magenties, à Tarbes (Hautes-Pyrénées).
Magnier, à Saint-Quentin (Aisne).
Maisonville, imprimeur, à Grenoble (Isère).
Maistre (de), à Bourges (Cher).
Maistre (comte Ch. de), au château de Beaumesnil, par Bernay (Eure).
Maistre, manufacturier, à Villeneuvette (Hérault).

Maitre, à Laval (Mayenne).
Malé (l'abbé), premier vicaire, à Neuilly (Seine).
Maleville (Léon de), à Saint-Maurin, par Grenade (Landes).
Malherbe (comte de), à Beauvais (Oise).
Mamarot, à Privas (Ardèche).
Manceau, au Mans (Sarthe).
Manchon (Léon), notaire, au Havre (Seine-Inférieure).
Mantes (la bibliothèque de), à Mantes (Seine-et-Oise).
Marcel (Léopold, notaire, à Louviers (Eure).
Marcel (Eugène), notaire, au Havre (Seine-Inférieure).
Marchal, archiviste, à Bar-le-Duc (Meuse).
Marchal (l'abbé), à Nancy (Meurthe-et-Moselle).
Marchand (l'abbé), premier vicaire, à Saint-Mandé (Seine).
Marcère (Emile de), conseiller à la cour, à Douai (Nord).
Marchal (abbé), à Nancy (Meurthe-et-Moselle).
Marchand, à Chartres.
Marchegay (Paul), aux Roches-Baritaud, par Chantonnay (Vendée).
Marcilly (Ch.), à Bar-sur-Aube (Aube).
Marcotte, à Abbeville (Somme).
Maréchal, à Cambrai (Nord).
Marguet, à Reims.
Maron, à Autun (Saône-et-Loire).
Martel, étudiant en médecine, au château de Cassan (Hérault).
Martin, à la Faculté des sciences, à Montpellier (Hérault).
Martin (l'abbé P.-A.), curé, à Neauffles-Saint-Martin, par Gisors (Eure).
Martin (Thomas-Henri), à Rennes (Ille-et-Vilaine).
Martin, à Semur.

DÉPARTEMENTS (Suite)

Martin-Degang, à Vassy (Haute-Marne).
Mary-Lafon, à Montauban (Tarn-et-Garonne).
Masquelier fils, au Havre (Seine-Inférieure).
Masson (Cyprien), à Chalon-sur-Saône (Saône-et-Loire).
Mathey, bibliothécaire, à Laon (Aisne).
Matheron (Octave), à Lyon.
Matton, archiviste, à Laon (Aisne.)
Mauduit (l'abbé), curé de Campin, par Grignols (Gironde).
Maupas, à Aurillac (Cantal).
Maupré, à Orléans.
Mauriès, à Brest.
Meaume (Ed.), à Nancy (Meurthe-et-Moselle).
Meaux (le vicomte de), 14, rue des Réservoirs, Versailles; à Écotay, par Montbrison (Loire).
Meignan (S. G. Mgr), évêque, à Châlons (Marne).
Mélizan fils, 7, rue de la Loubière, à Marseille (Bouches-du-Rhône).
Ménault, à Étampes.
Ménétrez, à Belfort.
Menetrier, à Pontoise.
Menthon (comte de), au château de Menthon (Haute-Savoie).
Menu (Eugène), à Laon (Aisne).
Menjot de Champfleurs (vicomte L.) à Alençon (Orne).
Menjot de Champfleurs (vicomte), à Alençon (Orne).
Merendet, à Vesaignes-sous-la-Fauche, par Chaumont (Haute-Marne).
Merlemont (comte de), au château de Merlemont, par Beauvais (Oise); 47, rue de Verneuil, Paris.
Merlet, à Chartres.
Mermillod (Mgr), évêque d'Ebron, à Ferney (Ain).
Mesgrigny (comte de), à Bouilly (Aube).

Meslay, juge, au Havre (Seine-Inférieure).
Mesnil, à Jouy-en-Josas (Seine-et-Oise).
Mestre, 17, quai de l'Archevêché, à Lyon.
Meunier (Ch.), à Sedan.
Meurdra, au Havre (Seine-Inférieure).
Michon, à Mâcon (Saône-et-Loire).
Mianville fils (de), à Chartres.
Michel (Joseph), propriétaire, à Montpellier.
Michelin, à Provins (Seine-et-Marne).
Mie, propriétaire, à Montpellier.
Millot (Gustave), à Châlon-sur-Saône.
Mirville (le marquis de), 10, rue Las-Cases, Paris; au château de Fillières, par Saint-Romain (Seine-Inférieure).
Mœhler, notaire, à Amerschswir, par Kayserberg (Alsace).
Molandon (Bouché de), à Orléans (Loiret).
Moleville (marquis de), 4, rue Richepinte, à Toulouse (Haute-Garonne).
Monceaux, à Auxerre (Yonne).
Montalivet (le comte de), à Montalivet-Lagrange, par Sancerre (Cher).
Montbron (comte Robert de), au château de Chauffailles, par Coussac-Bonneval (Haute-Vienne).
Montdésir (Amédée de), au Havre (Seine-Inférieure).
Montessus de Rully (comte de), au château de Rully, par Chagny (Saône-et-Loire).
Montgrand (le baron de), à Saint-Menet, banlieue de Marseille (Bouches-du-Rhône).
Montigny (Etienne de), au château de Saint-Léger, par Bernay (Eure).

DÉPARTEMENTS (Suite)

MONTOLIVON (l'abbé), à Nice (Alpes-Maritimes).
MONTOZON (de), à Laval (Mayenne).
MONTRICHARD (vicomte de), au château de Chassaigne, par Magny-Cours (Nièvre).
MONTOZON (de), à Château-Gontier (Mayenne).
MORAND, juge, à Boulogne (Pas-de-Calais).
MOREAU, imprimeur, à Saint-Quentin (Aisne).
MORIN, à Dieppe (Seine-Inférieure).
MORIN, à Sens (Yonne).
MORINVILLE (de), à Gray (Haute-Saône).
MORTREUIL, juge de paix, à Marseille.
MOUAN, à Aix.
MOULINS (Ch. des), rue et hôtel de Gourgues, à Bordeaux (Gironde).
MOULINS (la bibliothèque de), à Moulins (Allier).
MOUSTIER (le comte de), 85, rue de Grenelle, Paris; et au château de La Chapelle, par Crécy-en-Brie (Seine-et-Marne).
MOUYNÈS, à Carcassonne.
MULSANT, à Lyon.
MUSÉE FABRE (bibliothèque du), à Montpellier.
MUSSET (Georges), rue Porte-Aiguière, à Saintes (Charente-Inférieure).
MUSTON (docteur), à Montbéliard
MUTEAU, conseiller à la cour, à Dijon (Côte-d'Or).
NADAILLAC (de), château de Rougemont (Loir-et-Cher).
NADAUD, à Angoulême.
NANCY (la bibliothèque de), à Nancy (Meurthe-et-Moselle).
NASSENS (G.), à Limoges (Haute-Vienne).
NEUVILLE (Louis de), à Livarot (Calvados).
NIMIER, à Saint-Brieuc.

NOE (marquis de), à l'Isle-de-Noë (Gers).
NOEL (Octave), à Poissy (Seine-et-Oise).
NOEL, à Saint-Omer (Pas-de-Calais).
NOEL, archiviste, à Vesoul (Haute-Saône).
NOEL-DUMARAIS, à Cherbourg (Manche).
NOINVILLE (le comte de), 23, rue Saint-Dominique, Paris; au château de Bienfaite, par Orbec (Calvados).
NOUEL DE BUZONNIÈRE, à Orléans.
NOULENS, rédacteur en chef de la *Revue d'Aquitaine*, à Condom (Gers).
NOURRY, président du tribunal, à Vannes (Morbihan).
NOZERAN, à Brignolles (Var).
OBERKAMPF (Émile), receveur des finances, à Ruffec (Charente-Inférieure).
ODORICI, bibliothécaire, à Dinan (Côtes-du-Nord).
OLIVE (l'abbé), à Cette.
OLLIVIER, archiviste, à Montpellier (Hérault).
ORBION, lieutenant au 1er rég. d'artillerie, à Bourges (Cher).
ORLIAC, à Foix (Ariége).
OSSEVILLE (comte d'), 5, rue du Havre, à Caen (Calvados).
OUDIN, 14, rue de la Darse à Marseille.
PACILLE, bibliothécaire, à Lille (Nord).
PAGÈS (l'abbé), à Mende (Lozère).
PAILHIEZ, propriétaire, à Montpellier.
PALUSTRE DE MONTIFAUT (Léon), 6, boulevard Béranger, à Tours (Indre-et-Loire).
PANIGOT, à Nancy.
PAQUERIE (l'abbé de la), au presbytère de la Belle-de-Mai, à Marseille (Bouches-du-Rhône).
PARC (marquis du), au château de

DÉPARTEMENTS (Suite)

Brogon, par Arc-sur-Thille (Côte-d'Or).
Pascalet (Jules), 34, boul. de la Madeleine, à Marseille.
Parisot de la Boisse, propriétaire, à Montpellier.
Parrot, à Vesoul (Haute-Saône).
Pau (la bibliothèque de), à Pau (Basses-Pyrénées).
Paulin (le colonel Charles), 17, rue Victor-Demay, à Dijon (Côte-d'Or).
Pecoul, au château de Villiers, par Draveil (Seine-et-Oise).
Pehant, à Nantes.
Peicné-Delacourt, à Noyon (Oise).
Pelay, 74, rue de Crosne, à Rouen (Seine-Inférieure).
Pelissier, à Marseille.
Pellisière, à Ambert (Puy-de-Dôme).
Pellot (Charles), à Saint-Adresse, au Havre (Seine-Inférieure).
Pentot, à Epinal (Vosges).
Perié (Raphaël), à Cahors (Lot).
Perreau, ancien notaire, à Dijon (Côte-d'Or).
Perrier, conservateur de la bibliothèque, à Châlons (Marne).
Perroud, 1, boulev. Saint-Michel, à Chartres (Eure-et-Loir).
Pesquidoux (Dubosc de), à Pesquidoux, par le Houga (Gers).
Petitmengin, à Remiremont (Vosges).
Pichon (Etienne), sous-préfet, à Vervins (Aisne); 17, quai d'Anjou, Paris.
Picot (Le R. P.), supérieur de la Délivrande, à Caen (Calvados).
Pie (S. G. Mgr), évêque, à Poitiers (Vienne).
Pigeonneau, boulev. du Roi, à Versailles (Seine-et-Oise).
Pijardière (Louis de la), archiviste du département, à Montpellier.
Pingaud (Léonce), 4, rue de la Monnaie, à Nancy (Meurthe-et-Moselle).
Piolet de Thorcy, à Grenoble.
Pion, à Semur.
Pistolet de Saint-Fergeux, à Langres (Haute-Marne).
Pinon (la vicomtesse de), au château de la Forest, par Courtalain (Eure-et-Loir).
Place (S. G. Mgr), évêque, à Marseille (Bouches-du-Rhône).
Planche, docteur médecin, à Montpellier.
Plas (L. de), à La Faye, par Aubeterre-sur-Daronne (Charente).
Platelet, à Agen (Lot-et-Garonne).
Ploquet-Huret, à Semur.
Pocard-Kerviller, à Saint-Brieuc (Côtes-du-Nord).
Poinsier (Edmond), à Neufchâtel (Seine-Inférieure).
Poncet, à Montauban (Tarn-et-Garonne).
Poncins (comte de), au Palais, par Feurs (Loire).
Pons (Dr), à Aix.
Pont, à Toulouse.
Pontécoulant (marquis de), à Melun (Seine-et-Marne).
Pougny, préfet, à Montpellier.
Poumeau de Lafforest, 7, rue Bouissainvalles, à Montpellier (Hérault).
Pourpory, 73 bis, cours d'Albret, à Bordeaux (Gironde).
Pradel, à Puylaurens (Tarn).
Prévost, à Melun (Seine-et-Marne).
Primois, rue des Carmes, à Caen (Calvados).
Prost, à Salins (Jura).
Puibusque (Albert de), au château d'Aurival, par Miremont (Haute-Garonne).
Pujos, à Mirande (Gers).
Quantin, à Auxerre (Yonne).
Quenson, à Saint-Omer (Pas-de-Calais).

DÉPARTEMENTS (Suite)

Quesnet, à Rennes.
Quesney, 93, rue de Tourneville, au Havre (Seine-Inférieure).
Rabusson, à Dôle.
Rambaud, 4, place de l'Académie, à Nancy (Meurthe-et-Moselle).
Ramé, à Rennes.
Ramet, à Nantes.
Ramond, à Aurillac (Cantal).
Renouard, à Saint-Jean-d'Angély.
Rattier, au château de Jeandheurs (Meuse).
Raudot, 14, rue des Réservoirs, à Versailles; et à Orbigny, par Avallon (Yonne).
Ravanier, à Semur.
Raymond (Paul), à Pau (Basses-Pyrénées).
Réallier-Dumas, sous-préfet, à Villeneuve-d'Agen (Lot-et-Garonne).
Rebais (de), à Valence (Drôme).
Rabut, à Chambéry (Savoie).
Redet (Louis), ancien archiviste, à Poitiers (Vienne).
Regimbart, à Evreux.
Remond, ancien maire de Chartres, à Versailles (Seine-et-Oise).
Renard (docteur), à Bourbonne-les-Bains (Haute-Marne).
Renaud, receveur de l'enregistrement, à Clermont (Puy-de-Dôme).
Rendu (A.), à Beauvais (Oise).
Rennes (la bibliothèque de), à Rennes (Ille-et-Vilaine).
Renot (l'abbé), au collége Saint-Joseph, à Montrouge (Seine).
Renouvier d'Albenas, à Montpellier.
Renty (le baron de), au château du Petit-Pois, à Mettray (Indre-et-Loire).
Revon, à Annecy (Haute-Savoie).
Reynier, à Marseille.
Rheims (de), à Calais (Pas-de-Calais).
Ribeyre (Félix), 2, rue Beauverger, au Havre (Seine-Inférieure).
Richard, à Poitiers (Vienne).
Ricaud, à Draguignan (Var).
Richard (F.), à Avignon (Vaucluse).
Ricard (Adolphe), avocat, à Montpellier.
Richemont (de), à La Rochelle.
Richemont (comte Debassyns), 23, rue Saint-Dominique, à Paris; 30, rue du Sud, à Versailles (Seine-et-Oise).
Robillard de Beaurepaire, archiviste, à Rouen.
Rochebrochard (L. de la), à Niort.
Rochebrune (O. de), à Fontenay-le-Comte (Vendée).
Rochetaillée (baron Vital de la), au château de Nantas, par Saint-Étienne (Loire).
Rocheterie (Maxime de la), 56, rue Bretonnerie, à Orléans (Loiret).
Rodin, à Beauvais (Oise).
Rœderer (vicomte Claude), à Chevagnes-en-Paillier (Vendée).
Roger, à Chateauroux.
Roger, à Montpellier.
Rolland (de) du Roquan, à Carcassonne.
Rondeau, rue d'Orléans, à Poitiers (Vienne).
Ronot, à Châtillon-sur-Seine.
Roque (de la), avocat, à Montpellier.
Roques fils, à Montpellier.
Rosenweig, à Vannes (Morbihan).
Rossel, à Montbéliard.
Rotours (des), 48, avenue de la Tour-Maubourg, Paris; et au château d'Avelin, par Seclin (Nord).
Rouard, à Aix.
Roubaud, à Grasse (Alpes-Maritimes).
Rouch, bâtonnier de l'ordre des avocats, à Montpellier.
Rouget, à Brest.

DÉPARTEMENTS (Suite)

Rouget-Lafosse, à Niort.
Roussel, à Narbonne (Aude).
Rousselet, à Nantes.
Rousset, docteur en médecine, à Montpellier.
Roussin (Ed.), à Meaux (Seine-et-Marne).
Roy, avocat, à Niort.
Ruben, à Limoges (Haute-Vienne).
Ruphy, architecte, à Annecy (Haute-Savoie).
Sagnier (Ch.), négociant, à Nîmes.
Saint-Cyr, à Montauban (Tarn-et-Garonne).
Saint-Genis (Victor de), à Chambéry (Savoie).
Saint-Maurice (marquis de), à Montpellier.
Saivet (l'abbé), archiprêtre, à Angoulême (Charente).
Sallé, avocat, à Castel-Sarrazin (Tarn-et-Garonne).
Salmon, à Vannes (Morbihan).
Sarcus (vicomte de), ancien capitaine de dragons, à Dijon (Côte-d'Or).
Sarrouille, à Marmande (Lot-et-Garonne).
Saugrain (le R. P.), au Vigan (Gard).
Sazerac de Forge, à Angoulême.
Schmitt (Henri), à Niort.
Schutzenberger, à St-Dié (Vosges).
Séguier (baron Tony), préfet, à à Lille (Nord).
Séguy fils, à Montpellier.
Sémery, à La Flèche (Sarthe).
Semichon, 31, boul. Beauvoisine, à Rouen (Seine-Inférieure).
Senemaud, archiviste, à Mézières (Ardennes).
Senné-Desjardins, à Poitiers (Vienne).
Stéfani (Mlle), à Montpellier.
Sevelinges (J.-B.), à Charlieu (Loire).
Silvestre, à Fécamp (Seine-Inférieure).

Simonnet, conseiller à la cour, à Dijon (Côte-d'Or).
Simonnet, bibliothécaire, à Saint-Quentin (Aisne).
Soulary (J.), au palais des Arts, à Lyon.
Souliac-Boileau, à Château-Thierry (Aisne).
Soulice, bibliothécaire, à Pau (Basses-Pyrénées).
Souquet, à Étaples (Pas-de-Calais).
Suchet (l'abbé), à Ornans (Doubs).
Suremin de Habert, à Troyes.
Tailhades, à Castres (Tarn).
Tancrède, conservateur, à Château-Gontier (Mayenne).
Tarbé, propriétaire, à Reims (Marne).
Tarin, à Semur.
Tarteron, 9, rue de la Paroisse, à Versailles (Seine-et-Oise).
Tartière, à Mont-de-Marsan.
Tassin, préfet, au Mans (Sarthe).
Tessier, à Toulon.
Theurel (l'abbé), à Reims (Marne).
Thierry-Sollet, à Nancy (Meurthe-et-Moselle).
Tholin, à Agen (Lot-et-Garonne).
Thomas, à Montpellier.
Tissot, à Lisieux.
Tixier, à Périgueux.
Touchebeuf (de), avocat, à Brioude (Haute-Loire).
Touranion, à Ajaccio.
Tourtoulon (Charles de), enclos Tessier-Sarrus, à Montpellier (Hérault).
Toytot (de), à Nevers (Nièvre).
Travers, à Besançon.
Travers, à Caen.
Traversay (le baron), à Évreux (Eure).
Trébutien, à Caen.
Tremisot, à Melun (Seine-et-Marne).
Tripard, à Besançon.
Trouillard, à Saumur.

DÉPARTEMENTS (Suite)

Tuvache, avocat, à Beuzeville (Eure).
Vagnaire, professeur au lycée, à Montpellier.
Vaines (Mme de), à Antibes (Alpes-Maritimes).
Valons (de), au palais des Arts, à Lyon.
Vanloo (L.), à Toulon (Var).
Vassart (l'abbé), à Roubaix (Nord).
Vibraye (marquis de), 56, rue de Varenne, Paris ; et à Cour-Cheverny (Loir-et-Cher).
Viancin (Paul), 8, rue Neuve, à Besançon.
Villepelet (de), à Périgueux.

Vétault (Alp.), à Châlons-sur-Marne.
Vezy, à Rodez (Aveyron).
Villepreux (Louis de), à Marmande (Lot-et-Garonne).
Vimont, à Clermont-Ferrand (Puy-de-Dôme).
Viollet, pharmacien, à Tours.
Voisin, à Issoudun.
Walroff, à Neufchâteau (Vosges).
Weil (H.), à Besançon (Doubs).
Werlé, boul. du Temple, à Reims (Marne).
Wetzel, à Montbéliard.
Wismes (baron de), à Nantes.
Yves, à Chartres.

BIBLIOPHILES ET AMATEURS

ÉTRANGER

BIBLIOPHILES ET AMATEURS

ÉTRANGER

Alvin (L.), à Bruxelles (Belgique).
Ammann (F.), à Seeburg (Suisse).
Arth, avocat, à Saverne (Alsace).
Bandini-Guistiniani (marquis de), à Rome (Italie).
Barrozi, directeur du musée Correr, à Venise (Italie).
Beneyton, 32, rue Turenne, à Colmar (Alsace).
Bischoff (Frédérick), à Berlin.
Bischoff (Oscar), à Berlin.
Bonnes (de), avocat, à Bruxelles (Belgique).
Borchgrave (Emile de), chef du cabinet du ministère des affaires étrangères, à Bruxelles (Belgique).
Borelli (Barthélemy), à Onéglio (Italie).
Bormans (Stan), à Liége (Belgique).
De Brou (Ch.), archéologue, à Bruxelles (Belgique).
Burbure (le chevalier Léon de), à Anvers (Belgique).
Borman (chevalier Camille de), à Schalkhoven (Belgique).
Capitaine (Ulysse), à Liége (Belgique).
Capron (Jules), à Ypres.
De Bonne (Jules), à Bruxelles (Belgique).

Campan, place de l'Industrie, à Bruxelles (Belgique).
Chauffour (Ignace), avocat, à Colmar (Alsace).
Croy (prince Alfred-Emmanuel de), au Rœulx (Belgique).
Cunha (Francisco-Ribeira da), à Lisbonne.
Cuypers van Velthoven (Prosper), à Bruxelles (Belgique).
Danglard, 19, rue d'Assas, à Paris et à Fribourg-en-Brisgau (Bade).
Delecourt (Jules), à Bruxelles (Belgique).
Delhasse (Félix), à Bruxelles (Belgique).
Delvignes (l'abbé), professeur d'histoire et d'archéologie au séminaire, à Malines (Belgique).
Dollfus (Frédéric-Engel), à Dornach.
Delmotte (H.), à Tournai (Belgique).
Du Bus (aîné), à Tournai (Belgique).
Duvivier (Ch.), à Bruxelles (Belgique).
De Meyer (J.), à Gand (Belgique).
Eymar (le professeur), à la librairie, Morel, Kolowrat-Ring, à Vienne (Autriche).
Génard (P.), à Anvers (Belgique).
Gerard, avocat, rue des Blés, à Colmar (Alsace).

ÉTRANGER (Suite)

Gogh (Van), à Amsterdam.
Grandgagnage (Ch.), à Liége (Belgique)
Hagemans (G.), à Bruxelles (Belgique).
Hecker (le R. P.), pauliste, directeur du *Catholic World* Nassau-Street, à New-York (Etats-Unis).
Helbig (Henri), à Liége (Belgique).
Hoffmann (F.-L.), à Hambourg (Allemagne).
Irizar y Moya (Joachim de), à Vergara-Guipuzcoa (Espagne).
Kerchove (comte Charles de), à Gand (Belgique).
Kervyn de Lettenhove (le baron), membre de la chambre des représentants, président de l'Académie royale de Belgique, à Bruxelles (Belgique).
Kofoed (C. F.), à Bruxelles (Belgique).
Lasard (Adolphe), à Berlin.
Legrand de Reulandt, à Anvers (Belgique).
Limburg-Stirum (comte de), à Gand (Belgique).
Loumyer (N.), à Bruxelles (Belgique).
Lucidi (le docteur), archiprêtre, à Rome (Italie).
Mackensie (John Whiteford), esq., 19, Scotland-Street, à Édimbourg (Écosse).
Masson (Gustave), professeur à l'University-College-Harron-on-the-Hill (Angleterre).
Mathieu, avocat, rue de Spa, à Bruxelles (Belgique).
Mans (Ch.), à Bruxelles (Belgique).
Montagu (lord Robert), Clifton-Gardens, à Folkestone (Angleterre).
Naumann (le R. P.), à Herligen-Kreut-Baden, par Vienne (Autriche).
Nedonchel (comte de), à Tournai (Belgique).
Noettinger, notaire, à Strasbourg (Alsace).
O'Donnell (F. H. M. A.), Plasgrave-Place, 1, Middle-Temple, à Londres (Angleterre).
Percy (lord Henry), major général au service de S. M. britannique, à Londres (Angleterre).
Pety de Thozée (Jules), château de Grüne (Belgique).
Prost (Auguste), à Metz (Lorraine).
Puymaigre (comte de Théodore), au château d'Inglange, par Metzervisse (Lorraine).
Reeve (Henri), esq., secrétaire au conseil privé de S. M. britannique, rédacteur principal de l'*Edimbourg-Review*, n° 62, Rutland-Gate, Hyde-Park, à Londres.
Renard, aide de camp du roi des Belges, à Bruxelles (Belgique).
Reussen, bibliothécaire de l'Université, à Louvain (Belgique).
Ricci des Ferres (baron), à Turin (Italie).
Ristelhuber (Paul), 3, quai Saint-Nicolas, à Strasbourg (Alsace).
Robiano (comte Maurice de), à Bruxelles (Belgique).
Ruelens (Ch.), à Bruxelles (Belgique).
Ruland, à Würzbourg.
Schoutheete de Tewerent (chevalier de), à Saint-Nicolas (Belgique).
Scheler (docteur Aug.), à Bruxelles (Belgique).
Siret (Ad.), à Saint-Nicolas (Belgique).
Snellaert (docteur), à Gand (Belgique).
Theux (Xavier de), à Bruxelles (Belgique).
Van Even (Edw.), à Louvain (Belgique).
Van der Haeghen (Ferdinand), à Gand (Belgique).

ÉTRANGER (Suite)

Van Havre (chevalier Gustave), à Anvers (Belgique).
Van der Peereboom (Alphonse), à Bruxelles (Belgique).
Van der Linde (docteur A.), au château de Winkelsteeg (Belgique).
Vergauwen (F.), à Gand (Belgique).
Veydt (L.), à Bruxelles (Belgique).
Villermont (comte de), à Bruxelles (Belgique).
Vinck des Deux-Orp (baron de), à Bruxelles (Belgique).

Wilhelm, avocat, à Colmar (Alsace).
Willems (Alphonse), à Bruxelles (Belgique).
Witte (baron de), 5, rue Fortin, à Paris; au château de Wonmelghem, près Anvers (Belgique).
Wittert (baron), à Liége (Belgique).
Yzquirdo (don Narcisa-Martinez), vice retol de la Sommarie conciliar, à Grenade (Espagne).

ANNONCES

LIBRAIRIE ANCIENNE ET MODERNE

ÉDOUARD ROUVEYRE

6, rue des Beaux-Arts, PARIS.

LE BIBLIOGRAPHE

RECUEIL DE NOTICES BIBLIOGRAPHIQUES,

PHILOLOGIQUES ET LITTÉRAIRES.

PUBLICATION MENSUELLE

SUIVIE D'UN

CATALOGUE DE LIVRES ANCIENS ET MODERNES

EN VENTE AUX PRIX MARQUÉS

ABONNEMENTS :

Paris.	Un an.	3 fr.
Province.	Id.	4 fr.
Étranger.	Id.	5 fr.

OUVRAGES DE M. RISTELHUBER

EN VENTE :

CHEZ LEMERRE, 27, PASSAGE CHOISEUL :

Les Contes et Facéties d'Arlotto de Florence, avec Introduction et notes, 1 vol. in-12, écu, imprimé sur papier de Hollande.................................... 5 fr.

Les Contes de Pogge (épuisé).

CHEZ SANDOZ ET FISCHBACHER, 33, RUE DE SEINE

Bibliographie alsacienne, 1869-1871, 3 vol. in-8°, 4 fr. 50 le vol.

POUR PARAITRE PROCHAINEMENT :

La *Quatrième série*, comprenant les Réponses au Conseil d'enquête des capitulations.

M. ADOLPHE LEFRAISE

4, rue d'Iéna,

A ANGOULÊME

Prie MM. les Libraires de vouloir bien lui adresser leurs Catalogues.

JOSEPH BAER ET Cie

2, Rue du 4 Septembre, à Paris

GRAND CHOIX DE LIVRES ANCIENS ET MODERNES

FRANÇAIS ET ÉTRANGERS

SPÉCIALITÉS DE GRANDS OUVRAGES SUR LES BEAUX-ARTS

ET DE PUBLICATIONS ALLEMANDES, ANGLAISES, ETC., ETC.

EN TOUS GENRES

SOUS PRESSE :

CATALOGUE DE LIVRES FRANÇAIS ANCIENS ET MODERNES

No 3. — Décembre 1873 — Près de deux mille numéros.

LIBRAIRIE ANCIENNE

DE

CAMILLE VYT

RUE DU BAS-ESCAUT, A GAND

(Belgique)

PUBLICATION MENSUELLE : **LE BOUQUINISTE BELGE**

CATALOGUE DE LIVRES A PRIX MARQUÉS,

DISTRIBUÉ GRATUITEMENT

SALLE DE VENTES PUBLIQUES DE LIVRES ET D'OBJETS D'ART

ACHAT AU COMPTANT

DE BIBLIOTHÈQUES OU PARTIES DE BIBLIOTHÈQUES

ÉDOUARD ROUVEYRE, LIBRAIRE

6, rue des Beaux-Arts, à Paris

A l'honneur d'informer MM. les libraires et MM. les amateurs qu'il achète tous les EX-LIBRIS, dont ils peuvent disposer.

EN CAS D'OFFRE, BIEN INDIQUER LE NOMBRE ET LE PRIX

Manière d'enlever les **Ex libris** *sans détériorer les gardes des livres*

Prendre une feuille de papier buvard, un peu plus grande que l'*Ex libris* que l'on veut enlever, la tremper dans l'eau (chaude de préférence) et l'appliquer sur l'*Ex libris*.

Au bout de quelques minutes retirer cette feuille, et enlever l'*Ex libris* avec soin, qui par suite de cette opération n'adhère plus que faiblement à la garde du livre.

LIBRAIRIE ANCIENNE ET MODERNE

L. JOLY FILS

A MEAUX (Seine-et-Marne)

PUBLICATION DE CATALOGUES

LIVRES ANCIENS ET MODERNES

Les Catalogues de ma Librairie sont envoyés gratis et franco à toute personne qui en fait la demande.

RAPPORT
SUR
LA BIBLIOGRAPHIE

PRÉSENTE A LA CONVENTION NATIONALE
le 22 germinal an II (1794)

PAR GRÉGOIRE

Évêque de Blois, Député à la Convention

Petit in-8º, imprimé par JOUAUST, sur papier vergé, 2 fr.

PARIS, CHEZ McKEAN & Co
5, RUE SCRIBE, 5

☞ MM. McKEAN et Co, 5, rue Scribe, à Paris, prient MM. les Libraires de vouloir bien leur adresser leurs catalogues.

EN DISTRIBUTION : CATALOGUE DE LIVRES ANCIENS.

J. GRASSIEN

LIBRAIRE

1, rue de la Harpe, 1

A TOURS

Prie MM. les Libraires de vouloir bien lui adresser leurs Catalogues.

Librairie LÉON WILLEM, 7, rue Perronet, PARIS.
EN SOUSCRIPTION
POUR PARAITRE PROCHAINEMENT

CONTES EN VERS
IMITÉS DU
MOYEN DE PARVENIR
PAR LA FONTAINE, GRÉCOURT, DORAT, PIRON, BERNARD DE LA MONNOYE, ETC.

AVEC LES IMITATIONS DE M. LE COMTE DE CHEVIGNÉ ET CELLES D'ÉPIPHANE SIDREDOULX

PUBLIÉS

Par Un membre de la Société des Bibliophiles Gaulois

Le type choisi pour cette publication est celui de notre édition illustrée du MOYEN DE PARVENIR, publiée en 1870-72. C'est pour répondre favorablement aux instances de nombreux bibliophiles que nous entreprenons cette publication, considérée par eux comme un complément indispensable à notre édition du facétieux conteur.

Pour limiter le tirage, nous prions MM. nos confrères et les amateurs de nous envoyer de suite leurs souscriptions.

PRIX DE LA SOUSCRIPTION
(PAYABLE LORS DE LA RÉCEPTION DE L'OUVRAGE)

Sur beau papier vergé des Vosges, vignettes à mi-pages. . . . . . . 12 fr.
Sur beau papier de Chine, vignettes à mi-pages en noir et hors texte en bistre . . . . 25 fr.
Sur papier Whatman, vignettes à mi-pages en noir et hors texte en bistre sur papier de Chine. 30 fr.

Librairie Léon WILLEM, 7, rue Perronet, Paris.

COLLECTION DE DOCUMENTS RARES OU INÉDITS
RELATIFS A
L'HISTOIRE DE PARIS

Publiée par MM. Jules BONNASSIES, Henri BORDIER, Charles BRUNET, le Dr CHÉREAU, Paul CHÉRON, H. COCHERIS, Jules COUSIN, l'abbé Valentin DUFOUR, Alfred FRANKLIN, Désiré LACROIX, Ludovic LALANNE, le Dr LANNELONGUE, Anatole DE MONTAIGLON, Ch. READ, L. TISSERAND, etc.

Environ 25 volumes ou plaquettes petit in-8, Tellière,

VIENT DE PARAITRE :
ESTAT, NOMS ET NOMBRE
DE TOUTES LES
RUES DE PARIS
EN 1636

d'après le manuscrit inédit de la Bibliothèque Nationale

PRÉCÉDÉS D'UNE
ETUDE SUR LA VOIRIE & L'HYGIÈNE PUBLIQUE A PARIS
DEPUIS LE XIIe SIÈCLE

Par M. Alfred FRANKLIN, de la Bibliothèque Mazarine

Un beau vol. in-8, tellière, imprimé en caractères elzéviriens
Tiré à 350 exemplaires tous numerotés.

```
325 sur beau papier vergé.      Prix.  4 fr.
 22    —          de chine.      —     8
  3    —          Parchemin.     —    50
```

SOUS PRESSE :

LES ORDONNANCES FAICTES ET PUBLIÉES A SON DE TROMPE PAR LES CARREFOURS DE CESTE VILLE DE PARIS, POUR ÉVITER LE DANGIER DE PESTE, 1531, précédées d'une Etude sur les Epidémies parisiennes, par M. le docteur Chéreau.

ENTRÉE DE LOUIS XIV A PARIS, publiée par A. de Montaiglon, professeur de l'Ecole des Chartes.

LES RUES ET LES CRYS DE PARIS AU XIIIe SIÈCLE, d'après les manuscrits de la Bibliothèque Nationale, avec une Étude sur Paris, ses rues, ses mœurs, sa fortune et ses habitants au XIIIe siècle, par M. Alfred Franklin de la Bibliothèque Mazarine.

HISTOIRE DE LA COMÉDIE-FRANÇAISE ET DE SES RAPPORTS AVEC LES AUTEURS ET LES COMÉDIENS AUX XVIIe, XVIIIe ET XIXe SIÈCLES, par M. Jules Bonnassies.

L'HOTEL DE LA REINE MARGUERITE, par M. Jules Cousin, Bibliothécaire de la ville de Paris.

LA CHEUTE DU PONT-MARIE EN L'ISLE NOTRE-DAME A PARIS, 1658, publié par Jules Cousin.

LE MARIAGE DES QUATRE FILS AYMON, précédé d'une Etude sur les Enseignes du vieux Paris, par M. L. Tisserand, directeur des Travaux historiques de la ville de Paris.

BIBLIOGRAPHIE DE L'HISTOIRE DE PARIS, précédée d'une Étude sur l'Établissement de l'Imprimerie à Paris, ses progrès, son état actuel, etc., par Léon Willem.

N. B. — Chaque ouvrage se vendra séparément, mais en raison de la restriction du tirage, les personnes qui tiendraient à posséder la collection complète, feront bien de retenir leurs exemplaires dès à présent.

EN VENTE

Chez **MÉTON**, libraire, rue de Lyon, 55, à **LYON**

HISTOIRE DES DUCS DE BOURBON
ET DES COMTES DE FOREZ

Par Jean-Marie de LAMURE, Revue par M. de CHANTELOSE

PARIS, 1868. — 3 BEAUX VOL. IN-4°, TITRES ROUGE ET NOIR,
IMPRIMÉS CHEZ PERRIN

Net : 100 fr. et 13/12 exemplaires

DESCRIPTION DU MUSÉE LAPIDAIRE
DE LA VILLE DE LYON
ÉPIGRAPHIE ANTIQUE DU DÉPARTEMENT DU RHONE

Par le Docteur **COMMARMOND**

LYON, 1854. — 1 VOL. IN-4°. 19 PLANCHES

Net : 20 fr. et 13/12 exemplaires.

DESCRIPTION DES ANTIQUITÉS & OBJETS D'ART
CONTENUS
DANS LES SALLES DU PALAIS DES ARTS DE LA VILLE DE LYON

Par le Docteur **COMMARMOND**

LYON, 1857. — 1 FORT VOL. IN-4°. 28 PLANCHES

Net : 20 fr. et 13/12 exemplaires.

HISTOIRE DE LA VILLE DE LYON
Par **MONTFALCON**

LYON, 1847. — 2 VOL. IN-8°, IMPRIMÉS CHEZ PERRIN
BLASONS, CARTES ET PLANS

Net : 12 fr. et 13/12 exemplaires.

ÉDOUARD ROUVEYRE

LIBRAIRE

6, rue des Beaux-Arts, à Paris

ON DÉSIRE ACHETER LES LIVRES SUIVANTS :

Prière de faire savoir à M. ROUVEYRE, la condition (broché, relié, non rogné, etc.) et le prix de l'exemplaire offert.

Deseo comprar los libros de la siguiente lista. Informar del precio y estado del ejemplar.

BOOKS WANTED TO PURCHASE
BY ED. ROUVEYRE, 6, RUE DES BEAUX-ARTS, A PARIS.

Any Bookseller having some of the books of this List for sale, will oblige Mr Rouveyre by informing him of the price and other particulars.

Ouvrages sur la Révolution française,
Ouvrages sur la Céramique.
BRUNET. Manuel du libraire, 6 volumes.
Ex-libris (Tout ceux que l'on pourra fournir).
The Punch (complet).
The works of Hogarth.
Œuvres d'Albert-le-Grand, 21 volumes in-folio.
Annales des Mines, 1825. L'année complète ou la quatrième livraison.
Félix Arvers. *Mes heures perdues.* In-8, 1833.

Achat au comptant de livres anciens et modernes.

F. GAY ET FILS, LIBRAIRES A SAN-REMO (Italie)

SOUS PRESSE

ŒUVRES COMPLÈTES DE RABELAIS

Nouvelle édition, collationnée sur les meilleures originales, reproduisant l'orthographe simple et plus conforme à la nôtre des éditions anciennes; avec l'indication des variantes et une glose courante explicative du texte, et, pour le livre V, la correction et la restitution de nombreux passages et d'un chapitre tout entier, d'après un ancien manuscrit de la Bibliothèque Nationale. — Notes et commentaires, Préface, Notice sur la prononciation au XVIe siècle et Vie de Rabelais, par M. A. L. SARDOU. L'ouvrage tiré seulement à 500 ex. numérotés, tous sur papier de Hollande, formera 3 vol. petit in-8 de tellière. — *Nous enverrons un spécimen de cet ouvrage aux personnes qui en feront la demande.* Le public lettré reconnaîtra de suite, en jetant un simple coup d'œil sur ce spécimen, combien les notes de M. Sardou étaient utiles et combien elles rendent notre édition de Rabelais préférable à toutes les autres, sans exception, qui l'ont précédée jusqu'aujourd'hui; elles représentent quinze années de travail opiniâtre du père de notre célèbre auteur satirique, et l'on pourra s'assurer que, sans elles, l'immense savoir et le génie de Rabelais n'avaient jamais pu être suffisamment appréciés.

 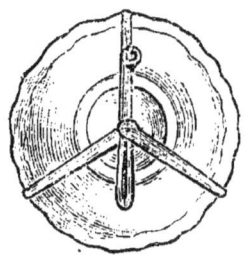

SUPPORTS

POUR

ASSIETTES

ET

PLATS

CH. ROUVEYRE

7, Quai Voltaire, 7

PARIS

L. FAVRE, IMPRIMEUR-ÉDITEUR

A NIORT (DEUX-SÈVRES)

La Venerie de J. dv Fovillovx, gentil-homme du pays de Gastine en Poictov, précédée d'une biographie de J. du Fouilloux et d'une bibliographie par M. Pressac, avec 59 gravures sur bois. 1 vol. in-8. Prix, papier de Hollande, 100 fr.— Papier vergé à bras, 50 fr., papier de couleur 25 fr., papier méc. 15 fr.

Glossaire du Poitou, de la Saintonge et de l'Aunis, précédé d'une introduction sur l'origine, le caractère, les limites, la grammaire et la bibliographie du patois poitevin et saintongeais, avec une grande quantité de poésies en langage poitevin et saintongeais, par L. Favre. 1 vol. grand in-8, prix : 8 fr. et 12 fr. sur papier à bras.

Mélusine, poëme relatif à cette fée poitevine, composé dans le xiv° siècle et publié pour la première fois par Francisque Michel. 1 vol. in-8, papier à bras, 8 fr.

Histoire des comtes de Poictou et ducs de Guyenne, par Jean Besly, 1 vol. in-8, le texte seul : prix, 5 fr.

Histoire du Poitou, par Thibaudeau, 3 vol. in-8 : prix, 18 fr.

Histoire littéraire du Poitou, par Dreux-Duradier, continuée jusqu'en 1848, 3 vol. in-8 : prix, 12 fr. 50.

Monuments des Deux-Sèvres, 1 vol. in-4 avec lithographies. Prix, 25 fr.

Monuments de la Vendée, 1 vol. in-4 avec lithographies. Prix, 25 fr.

CES OUVRAGES SE TROUVENT A PARIS A LA LIBRAIRIE DUMOULIN
QUAI DES AUGUSTINS

LIBRAIRIE ANCIENNE

A. CLAUDIN

LIBRAIRE-EXPERT ET PALÉOGRAPHE

3 et 5 rue Guénégaud, à PARIS

Succursale à LYON, 7, rue des Marronniers

Livres rares et curieux. — Manuscrits et Autographes. — Spécialité d'ouvrages sur les Provinces et sur l'Archéologie. — Éditions du XVe siècle. — Éditions originales, etc., etc.

Catalogues Mensuels à prix marqués, envoyés sur demande affranchie. — Expertises. — **Salle spéciale pour les Ventes publiques de Livres aux enchères,** 16, rue Dauphine (près le Pont-Neuf).

ACHAT AU COMPTANT DE BIBLIOTHÈQUES.

VIENT DE PARAITRE :

LA VIE AU TEMPS DES TROUVÈRES

Croyances, Usages et Mœurs intimes

DES XIe XIIe ET XIIIe SIÈCLES

D'APRÈS LES LAIS, DITS, CHRONIQUES ET FABLIAUX

par ANTONY MÉRAY, auteur des « *Libres Prêcheurs, devanciers de Luther et de Rabelais,* »

Un beau volume petit in-8, imprimé avec luxe en caractères antiques fondus exprès, titre rouge et noir, lettres ornées, fleurons et culs-de-lampes gravés spécialement d'après les types du XVIe siècle, par Léon Lemaire et E. Deschamps — Tirage à petit nombre sur papier vergé. Prix. . . . . 7 fr. 50

Cet ouvrage original et hardi auquel toute la presse a rendu un juste tribut d'éloges est presque épuisé.

« Le livre de M. MÉRAY est une œuvre éminemment patriotique, car il s'attache avec succès à restituer à la vieille France la priorité d'une foule de contes charmants qui, envolés des lèvres de nos trouvères et trouveresses ont fait le tour de l'Europe.

M. Meray a reculé les colonnes d'Hercule de notre littérature, et cela non-seulement aux yeux des classiques selon Boileau, qui ne consentent à dater que de Malherbe, mais aussi pour les esprits plus primesautiers, qui déjà remontaient hardiment jusqu'à Villon. C'est maintenant à trois cents ans avant Louis XI, à Robert Wace, à Rutebeuf, à Marie de France, qu'il faut reporter le premier grand essor de notre littérature nationale. Nous nous arrêtons à regret, nous consolant pourtant de ne pouvoir en dire plus long à nos lecteurs sur le remarquable livre de M. Antony Méray, en affirmant qu'il sera bientôt sur les rayons de toute bibliothèque qui se respecte. » (*Extrait du compte rendu de M. Paul Courty dans l'Opinion Nationale du 20 février 1873*).

Librairie Léon Willem, 7, rue Perronet, Paris.

EN SOUSCRIPTION :

MONUMENTS

du

COSTUME PHYSIQUE & MORAL

DE LA FIN DU XVIIIe SIÈCLE

ou

TABLEAUX DE LA VIE

ORNÉS DE 26 FIGURES DESSINÉES ET GRAVÉES

Par MOREAU LE JEUNE

Texte par RESTIF DE LA BRETONNE

Revu, corrigé et augmenté d'une Préface

Par Anatole de Montaiglon

Un très-beau volume in-folio, orné de superbes gravures à l'eau-forte publié en 16 livraisons.

PRIX DE LA LIVRAISON POUR MM. LES SOUSCRIPTEURS :

Sur papier vélin. . . . . 5 fr.
— de Hollande, gravures sur chine. . . . . . 10 fr.
— id.   gravures sur chine en doubles
            épreuves noires et bistres. . 16 fr.

En raison du format nous ne pouvons employer la poste pour l'expédition de ces fascicules, nous prions donc MM. les souscripteurs de faire prendre leurs exemplaires à notre librairie et de faire solder le prix des livraisons au fur et à mesure de leur publication.

C'est pour avantager les souscripteurs que nous annonçons ce magnifique ouvrage à un prix si modique. La souscription sera close le 15 décembre 1873, et le prix des exemplaires disponibles sera considérablement augmenté.

Des spécimens sont visibles à notre librairie et chez les principaux libraires des départements et de l'étranger.

LIBRAIRIE ANCIENNE ET MODERNE
DE M. BOUTON
6, place Gerson, à Paris

PUBLICATIONS NOUVELLES
TRAITÉ DE GRAVURE A L'EAU-FORTE
SUR BOIS DE BUIS
D'après CALLOT, ALBERT DURER, REMBRANDT, etc.

AVEC GRAVURES, LETTRES ORNÉES, FLEURONS, CULS-DE-LAMPE, ETC.

D'APRÈS LES TYPES DU XVIe SIÈCLE

Par M. BOUTON

Un volume in-18. Prix : 3 fr.

TRAITÉ DE L'ART HÉRALDIQUE
ILLUSTRÉ DE PLUS DE CENT BLASONS GRAVÉS

Un beau volume in-18. . . . . 2 fr.
— Papier de Hollande. 4 fr.
— — de Chine. . . 6 fr.

CLAUDIUS POPELIN.
L'ART DE L'ÉMAIL
Un volume in-8. . . 2 fr. 50

TIRÉ A PETIT NOMBRE SUR PAPIER DE HOLLANDE

POUR PARAITRE TRÈS-PROCHAINEMENT
NOTICE SUR LES MANUSCRITS A MINIATURES
Par le bibliophile J. R.

UN VOLUME IN-18, TIRÉ A 150 EXEMPLAIRES.

NOTICE SUR LES ORIGINES DE L'IMPRIMERIE
ET SUR LES IMPRIMEURS CÉLÈBRES, JUSQU'A LA FIN DU XVIe SIÈCLE, PARTICULIÈREMENT EN FRANCE
Par le bibliophile J. R.

UN VOLUME IN-18, TIRÉ A TRÈS-PETIT NOMBRE.

Achat de bibliothèques, de parties de livres, et de toute espèce de livres anciens et modernes.

ON SE CHARGE DES VENTES AUX ENCHÈRES PUBLIQUES.

ENVOI DU CATALOGUE A PRIX MARQUÉS.

LIBRAIRIE ROUQUETTE

85-87, PASSAGE CHOISEUL, A PARIS

Guide de l'amateur de livres à vignettes du XVIIIe siècle, par H. Cohen, *Seconde édition*. Revue, corrigée et enrichi du double d'articles et donnant entre autres augmentations, la liste complète des ouvrages de Le Sage et de Rétif de la Bretonne. In-8 de 280 pages imp. sur papier vergé et orné d'une eau forte. 15 fr.

Bibliographie romantique. Catalogue anecdotique et pittoresque des éditions originales des œuvres de Victor Hugo, Alfred de Vigny, Prosper Mérimée, Alexandre Dumas, Jules Janin, Pétrus Borel, etc. Par Charles Asselineau. *Troisième édition*, revue et augmentée d'un *appendice* et de *tables*, avec une eau-forte de Bracquemond. In-8. 15 fr.

Exempl. en gr. papier de Hollande, format petit in-4. 30 fr.

Les Catalogues de la librairie Rouquette sont expédiés gratis et franco à toute personne qui en fait la demande.

A. MAURICE

13, TAVISTOCK ROW

Covent-Garden, LONDRES

SE CHARGE D'ABONNEMENTS ET D'ANNONCES

POUR TOUS LES JOURNAUX

REVUES, MAGAZINES ANGLAIS ET AMÉRICAINS

BOLETIN DE LA LIBRERÍA

(Publicacion mensual)

OBRAS ANTIGUAS Y MODERNAS

ABONNEMENT :

France et Étranger. . . . 8 francs.

JOURNAL GRAND IN-8° IMPRIMÉ A DEUX COLONNES

Paraissant depuis le 1er Juillet 1873

LES ABONNEMENTS SONT REÇUS :

A PARIS	A MADRID
LA LIBRAIRIE ANCIENNE ET MODERNE	A LA LIBRAIRIE ANCIENNE ET MODERNE
ÉDOUARD ROUVEYRE	MURILLO
6, RUE DES BEAUX-ARTS, 6	18, CALLE DE ALCALA, 18

PETITE
BIBLIOGRAPHIE FRANÇAISE
PUBLIÉE PAR
EMILE GALETTE
LIBRAIRE COMMISSIONNAIRE, 12, RUE BONAPARTE, A PARIS

Cette publication paraît chaque mois et indique les titres et les prix des principales nouveautés bibliographiques éditées en France et à l'étranger.

PRIX DE L'ABONNEMENT :
France.... 2 fr. 50 | Étranger..... 3 fr. 50

Au moyen des divisions bibliographiques que j'ai adoptées dans ce Bulletin, chacun pourra trouver, sans perdre de temps, les ouvrages nouveaux satisfaisant son goût et sa préférence.

L'ABOLITION DU DROIT D'AINESSE
ET SES CONSÉQUENCES
In-8. Prix : 2 fr.
CHEF-D'ŒUVRE TYPOGRAPHIQUE DE LA MAISON MOTTEROZ
16, RUE VISCONTI, 16

AHN (F.). — **Nouvelle Méthode pratique et facile pour apprendre la langue allemande.** In-12.
- Premier cours.. 1 »
- Second cours.. 1 25
- Troisième cours... 1 »
- Traduction des Thèmes français des 1er et 2e cours......... » 75

AHN (F.). — **Grammaire allemande théorique et pratique.** In-12. 3 fr.

Cette grammaire a été composée pour ceux qui se proposent de faire une étude plus sérieuse de la langue allemande.

AHN (F.). — **Nouvelle Méthode pratique et facile pour apprendre la langue anglaise.** Premier et second Cours. — Chaque Cours séparément.. 1 »
- Troisième Cours. Grammaire théorique et pratique. In-12 .... 3 »

GRAESER (Ch.). — **Nouvelle méthode pratique et facile pour apprendre la langue anglaise**, composée d'après les principes de F. Ahn. In-12.
- Premier Cours... 1 25
- Second Cours. Premières lectures anglaises............... 2 25

GRAESER (Ch.). — **Grammaire complète de la langue anglaise**, sur un plan très-méthodique, avec de **nombreux thèmes** distribués dans l'ordre des règles. In-12.
- Première partie... 1 50
- Seconde partie 2 50

GRAESER (Ch.). — **Traduction des Thèmes de la nouvelle méthode de la Grammaire complète de la langue anglaise.** In-12. 1 25

GRAND ASSORTIMENT D'OUVRAGES ÉLÉMENTAIRES POUR L'ÉTUDE DES LANGUES ÉTRANGÈRES.
Commission pour l'Étranger.

C. COULET, LIBRAIRE-ÉDITEUR·

DE LA

SOCIÉTÉ DES BIBLIOPHILES LANGUEDOCIENS

5, GRAND'RUE, A MONTPELLIER (*Hérault*)

COLLECTION DES CENT-QUINZE

CHAQUE VOLUME EST UN CHEF-D'ŒUVRE TYPOGRAPHIQUE

OUVRAGES EN VENTE

Discours de la gloire de la France, par P. Gariel (1643), édité d'après le seul exemplaire connu. Préface par A. Devars. (238 exemplaires). Prix des derniers exemplaires sur papier de Chine : 24 fr. — Sur papier vergé à la forme. Prix.. 10 »

L'Entrée à Montpellier de la duchesse de Montmorency, par Ranchin (1617), édité d'après le seul exemplaire connu, par le comte de Saint-Maur (200 exemp.) Presque épuisé. Prix de l'ouvrage précédent.

Les Gouverneurs anciens et modernes du Languedoc, par P. Gariel (1669), ouvrage rarissime, réimprimé par P. Sainctyon (242 ex.). Prix sur papier de Chine, 12 fr. Sur papier vergé à la forme............. 5 »

Un projet gigantesque. L'industrie des draps et les relations de la province de Languedoc avec le Levant au XVIIIe siècle. Manuscrit inédit édité par John Seeker (242 ex.) Prix de l'ouvrage précédent

Requête des enfants à naître; facétie adressée aux Etats de Languedoc et publiée avec préface, par Elie Fraisse (300 ex.). Prix des deux ouvrages précédents.

Maguelone suppliante, par P. Gariel (1633), réimpression d'après un exemplaire unique, avec préface par A. Devars (242 ex.) Prix des trois ouvrages précédents.

SOUS PRESSE

La Cabale des Réformés, reproduite d'après l'édition originale de 1597 et suivie de l'Apologie de G. Reboul, auteur de la Cabale, d'une vie de Reboul, et de notes, par André Niel, bibliophile. 2 vol.

Les actes du Synode universel de la sainte réformation tenu à Montpellier le 15 mai 1598, par Reboul, édition entièrement conforme à l'original, publiée, avec une introduction, par André Niel, bibliophile. 2 vol.

A. VOISIN, LIBRAIRE

Rue Mazarine, 37, à Paris

ACHAT DE BIBLIOTHÈQUES, MANUSCRITS ET AUTOGRAPHES

SPÉCIALITÉ D'OUVRAGES SUR LES PROVINCES ET DE MANUSCRITS HISTORIQUES
AUTOGRAPHES ANCIENS ET MODERNES
VENTES AUX ENCHÈRES PUBLIQUES, RÉDACTION DE CATALOGUES, EXPERTISES
PUBLICATION DE CATALOGUES A PRIX MARQUÉS

ENVOYÉS GRATIS

AUX AMATEURS QUI EN FONT LA DEMANDE

La Librairie A. VOISIN se charge des commissions dans les ventes de Paris.

Ancienne Maison DELAROQUE AÎNÉ

HENRI DELAROQUE

Libraire du Ministère des Affaires Étrangères

Quai Voltaire, 21

LIBRAIRIE ANCIENNE ET MODERNE

ACHAT DE BIBLIOTHEQUES. — COMMISSION EN LIBRAIRIE ANCIENNE

Catalogues à prix marqués, envoyés gratuitement
à toute personne qui en fait la demande

HENRI DELAROQUE prie ses confrères de bien vouloir lui adresser leurs catalogues de vente, ou à prix marqués.

PAUL DAFFIS

Libraire - Éditeur

7, RUE GUÉNÉGAUD, A PARIS

(CI-DEVANT RUE DES BEAUX-ARTS N° 9)

OUVRAGES DE FONDS :

BIBLIOTHÈQUE ELZÉVIRIENNE

135 volumes in-16, papier vergé, cartonnés, non rognés à.................. 5 fr.

Quelques volumes épuisés sont d'un prix supérieur.

BIBLIOGRAPHIE

Les Supercheries littéraires dévoilées, par J.-M. QUÉRARD, seconde édition considérablement augmentée par les soins de MM. Gustave BRUNET et Pierre JANNET. 3 volumes grand in-8, en six livraisons. Prix.................. 60 fr.
Grand papier de Hollande. Prix.... 120 fr.

Ouvrage terminé.

Dictionnaire des ouvrages anonymes, par Ant.-Alex. BARBIER, troisième édition revue et très augmentée, par MM. Olivier BARBIER, René et Paul BILLARD, de la Bibliothèque nationale, faisant suite aux *Supercheries littéraires*. Quatre livraisons ont paru. Prix de la livraison, pour les souscripteurs aux *Supercheries littéraires* .... 10 fr.
Pour les non-souscripteurs. Prix .. 12 fr.
Exemplaire papier de Hollande. Prix. 24 fr.

L'ouvrage, y compris la table des noms réels, aura environ huit livraisons.

La France littéraire, ou Dictionnaire bibliographique des savants, historiens et gens de lettres de la France, ainsi que les littérateurs étrangers qui ont écrit en français, plus particulièrement pendant les XVIIIe et XIXe siècles, par J.-M. QUÉRARD. *Paris*, 1827-1839. 10 forts volumes in-8 à deux colonnes. Prix.......... 120 fr.

Il ne reste qu'un petit nombre d'exemplaires.

La Littérature française contemporaine 1827-1849, continuation de la *France littéraire*, par MM. Félix BOURQUELOT, Alfred MAURY et Charles LOUANDRE. *Paris*, 1852-1857, 6 volumes in-8 à deux colonnes. Prix.................. 120 fr.

Épuisé.

Bibliographie historique et topographique de la France, par A. GIRAULT DE SAINT-FARGEAU. *Paris*. 1843. 1 vol. in-8 à deux colonnes.................. 6 fr.

Catalogue général de la librairie française, pendant 25 ans (1840-1865), rédigé par Otto LORENZ, libraire. 4 vol. grand in-8 à deux colonnes, broché. Prix. 80 fr.
Relié. Prix.................. 96 fr.

Faisant suite à la *France littéraire* de QUÉRARD et à la *Littérature française contemporaine* de BOURQUELOT, MAURY et LOUANDRE.

Nouvelle publication de la Librairie Paul DAFFIS

Histoire des Français des divers états, par Alexis MONTEIL ; 5 volumes parus : Industrie (2 vol.). Agriculture. Finances. Magistrature. Chaque vol.. ...... 6 fr.

Cette édition, sur très-beau papier vélin, n'a été tirée qu'à 150 exemplaires.

OUVRAGES DIVERS

Jolies éditions destinées aux Amateurs

Le Moyen de parvenir, par BEROALDE DE VERVILLE, nouvelle édition, collationnée sur les textes anciens, avec notes, variantes, index, glossaire et notice bibliographique, par un bibliophile campagnard. 2 vol. petit in-8, papier vergé, avec gravures, fleurons et lettres ornées... 25 fr.

Quelques exemplaires sur papier de Chine, Prix.................. 50 fr.
Reliure demi-maroquin, à coins, tête dorée, non rognée. Le volume.......... 6 fr.
Reliure pleine maroquin du Levant, dorée sur tranche. Le volume.......... 15 fr.

Troupe de Molière. Galerie historique des portraits des comédiens de la troupe de Molière, gravés à l'eau-forte, sur des documents authentiques, par Fréd. HILLEMACHER, avec des détails biographiques succincts relatifs à chacun d'eux. 2e édition. Volume in-8, papier vergé teinté, petit format. Prix.............. 15 fr.

La Librairie Paul DAFFIS possède tous les ouvrages curieux tirés à petit nombre.

Le Catalogue sera adressé à toutes les personnes qui en feront la demande.

LETTRES AUTOGRAPHES ET MANUSCRITS

MAISON J. CHARAVAY AINÉ

LA PLUS ANCIENNE DE PARIS

Rue des Grands-Augustins, 26

VENTE ET ACHAT DE LETTRES AUTOGRAPHES ET DE MANUSCRITS
RÉDACTION DE CATALOGUES
VENTES PUBLIQUES, EXPERTISES, COMMISSION
CHOIX DE LETTRES AUTOGRAPHES EN TOUS GENRES
DOCUMENTS SUR LES PROVINCES, ETC.

PUBLICATIONS DE LA MAISON J. CHARAVAY AINÉ

Bulletin mensuel de lettres autographes à prix marqués, paraissant depuis 1846, et envoyé à toutes les personnes qui en font la demande.

L'Amateur d'autographes, recueil mensuel fondé en 1862, avec fac-simile dans le texte. Abonnement : 8 fr. par an.

Revue des documents historiques, suite de pièces curieuses et inédites publiées avec des notes et des commentaires, par Etienne Charavay, archiviste-paléographe. — *Ce recueil imprimé en caractères elzéviriens, sur papier de Hollande, paraît le 5 de chaque mois par fascicule de 16 pages gr. in-8, avec nombreux fac-simile et bois.*

PRIX DE L'ABONNEMENT :

Paris : un an. . . . 15 fr. | Départements. . . . 17 fr.

Le premier semestre est en vente aux librairies J. CHARAVAY aîné et A. LEMERRE

Un numéro-spécimen sera envoyé à toutes les personnes qui enverront 1 fr. 60 en timbres-poste

ANTONIN CHOSSONNERY
Successeur de J.-F. DELION
LIBRAIRE DE L'ÉCOLE SPÉCIALE DES LANGUES ORIENTALES VIVANTES
47, Quai des Grands-Augustins, à PARIS.

EN VENTE

RECHERCHES

SUR

L'ÉTABLISSEMENT ET L'EXERCICE DE L'IMPRIMERIE
A TROYES

CONTENANT LA NOMENCLATURE DES IMPRIMERIES
DE CETTE VILLE, DEPUIS LA FIN DU XV° SIÈCLE JUSQU'A 1789
ET DES NOTICES SUR LEURS PRODUCTIONS LES PLUS
REMARQUABLES

Par M. Corrard de BRÉBAN
3ᵉ ÉDITION, AVEC FAC-SIMILE ET MARQUES TYPOGRAPHIQUES
REVUE ET CONSIDÉRABLEMENT AUGMENTÉE
Par M. OLGAR-THIERRY POUX

Paris, A. *Chossonnery*, 1873, in-8, papier vergé : **6** fr.

EN DISTRIBUTION

CATALOGUE DE LIVRES RARES ET CURIEUX
OUVRAGES RELIÉS EN MAROQUIN (ÉDITIONS ORIGINALES).
En vente aux prix marqués (N° 8).

EN PRÉPARATION

CATALOGUES DE LIVRES
EN VENTE AUX PRIX MARQUÉS
SUR L'HISTOIRE DE FRANCE, LA RÉVOLUTION, L'HISTOIRE DES
PROVINCES, L'HISTOIRE DES PAYS ÉTRANGERS,
LA LITTÉRATURE ORIENTALE, ETC., ETC.

La Librairie A. CHOSSONNERY, se charge de expertises, rédaction de catalogues et de la vente de livres aux enchères. Commissions aux ventes, etc.

LIBRAIRIE F.-A. CERF, 38, RUE DES BOURDONNAIS
PARIS

LE
PROPRIÉTAIRE-CONSTRUCTEUR
PARALLÈLE DE CONSTRUCTIONS SUBURBAINES

PUBLIÉ SOUS LA DIRECTION DE

ERNEST FLAMANT
Architecte, membre de la Société nationale des Architectes de France

Seule publication qui permet aux propriétaires de se passer d'architecte

24 PLANCHES GRAND IN-4, AVEC TEXTE ET DEVIS DESCRIPTIFS ET ESTIMATIFS

Un an, Paris, **5** *fr.; Départements,* **6** *fr., contre mandat-poste*

DEUX RARES COLLECTIONS
utiles pour MM. les Architectes, Archéologues, Peintres, Verriers, etc.
A UN PRIX EXCEPTIONNEL
(QUELQUES EXEMPLAIRES SEULEMENT)
Ces deux ouvrages, quoique d'occasion sont garanties complets

1º **198 planches toutes gravées par Varin frères**, plus 190 pages de texte explicatif par Sabatthier. Architecture, Peinture, Sculpture, Costumes, Médailles, Antiquités, etc., etc. En un fort vol. in-8, non rogné Prix, cart. 12 fr. 50. Joindre 1 fr. pour belle demi-reliure, titre or.

2º **Atlas de 75 planches** (dont partie coloriées) in-folio oblong, plus un volume in-4 de 426 pages de texte explicatif. **Monuments de Rhodes** par Rottiers. Vues de la ville, de ses monuments en perspective et en détail pour l'architecture, la sculpture, etc. Prix des deux vol. cartonnés, 20 fr.

NOUVEL ALBUM ILLUSTRÉ
DE
L'AMEUBLEMENT OU TARIF-GUIDE
Par P. RONDELLE, fabricant de meubles, Tapissier-Expert

Un vol. renfermant 400 modèles intercalés dans 250 pages de texte, édité à 6 fr.
RÉDUIT A **3** FR. BROCHÉ, **4** FR.
Exclusivement pour les Abonnés au PROPRIÉTAIRE-CONSTRUCTEUR

Cet Album s'adresse aux architectes, entrepreneurs, fabricants de meubles, etc.; il permet de trouver instantanément tous les renseignements pour devis, et le prix de chaque objet.

(Tiré à petit nombre).

MAISON DE COMMISSION
POUR LA FRANCE ET L'ÉTRANGER

GUSTAVE GUÉRIN
11, RUE MAZARINE

PARIS

SPÉCIALITÉ
DE
COMMISSION EN LIBRAIRIE
PAPETERIE
ET FOURNITURES DE BUREAU

Tous les articles librairie, musique, papeterie, fournitures de bureau, et articles de Paris, sont facturés le prix net payé chez les éditeurs et fabricants.

COMMISSION SUR LE TOTAL DES PRIX NETS : 6 0/0

La maison **GUSTAVE GUÉRIN**, à cause de son organisation toute spéciale pour la commission en province et à l'étranger, offre à ses correspondants la plus **scrupuleuse exactitude et une parfaite régularité** dans l'envoi des paquets, toujours fait **au complet** le lendemain même du jour de la réception de la commande.

GUSTAVE GUÉRIN, 11, RUE MAZARINE, A PARIS.

AVIS
AUX AMATEURS
ET AUX
BIBLIOPHILES

CARTONNAGE BEHRENDS
IMITATION PARCHEMIN

DESTINÉ SPÉCIALEMENT

AUX PAMPHLETS, PLAQUETTES, OUVRAGES ANCIENS

FORMATS IN-8, IN-12

PRIX DEPUIS 1 FR. 50

 # BEHRENDS

8, rue Gît-le-Cœur, 8

PARIS

LA BIBLIOGRAPHIE

CONTEMPORAINE

REVUE BI-MENSUELLE DE TOUS LES OUVRAGES NOUVEAUX
ET NOUVELLEMENT RÉÉDITÉS

Paraissant le 1er et le 15 de chaque mois

13, RUE BILLAULT (*Champs-Élysées*) PARIS

CONDITIONS DE L'ABONNEMENT :

Paris, Départements, Algérie. Un an........ **6** fr.
Suisse, Belgique, Italie.   — .... **8** fr.
Iles Britanniques, Espagne.   — .... **10** fr.

(Remise 10 pour cent en faveur des Libraires)

Parmi les divers recueils et manuscrits bibliographiques, il n'en existait pas jusqu'ici qui put fournir des renseignements exacts en même temps que réguliers, sur la valeur intrinsèque des ouvrages qui paraissent chaque jour.

La *Bibliographie contemporaine* vient combler cette lacune, elle s'adresse à tous ceux qui, par goût ou par profession, veulent se tenir au courant du mouvement intellectuel

T. S. V. P.

de notre époque et des productions de la librairie française. Les bibliophiles, les amateurs, ceux qui s'intéressent aux lettres, aux sciences, aux arts, etc., apprécieront les comptes rendus spécialement consacrés, dans cette publication, aux principaux ouvrages parus ou même nouvellement réédités dans la quinzaine.

Les libraires y trouveront l'annonce des nouveautés et tous les renseignements qui concernent la vente.

Ajoutons que cette revue, fondée le 1er Janvier 1873, a dès maintenant fait ses preuves, puisqu'elle a franchi l'épreuve difficile du début et qu'elle va bientôt entrer dans sa deuxième année d'existence. Elle paraît le 1er et le 15 de chaque mois, sur 8 pages. La livraison contient de 20 à 25 articles.

L'Administration du Journal se charge d'envoyer, FRANCO ET CONTRE REMBOURSEMENT, à toute personne qui en fera la demande par lettre affranchie, tous les ouvrages anciens et modernes, quel que soit leur éditeur et la date de leur publication.

A ses abonnés, elle offre une remise de 5 pour cent sur un envoi de 10 fr. et au-dessous et de 10 pour cent sur tout envoi plus élevé.

POLYBIBLION

REVUE BIBLIOGRAPHIQUE UNIVERSELLE

75, rue du Bac, à Paris

Il n'existait point de Revue bibliographique vraiment universelle, s'attachant à tenir le lecteur au courant de ce qui paraît en France et à l'étranger, dans toutes les branches des connaissances humaines.

Le *Polybiblion*, qui paraît depuis le commencement de 1868, est venu combler cette lacune; ce recueil a bien vite conquis une place considérable et une juste notoriété. La richesse et la variété de sa rédaction, l'abondance des renseignements qu'il offre à ses lecteurs, l'ordre méthodique et le soin qui président à la disposition des matériaux, tout contribue à en faire une œuvre exceptionnelle, et qui se recommande d'elle-même à l'attention du public.

Il comprend deux parties distinctes, ayant une pagination spéciale. La première contient : des *Comptes rendus*, soit d'ensemble, soit séparés, des principaux ouvrages qui paraissent; une *Chronique* résumant les faits littéraires et bibliographiques de chaque mois et donnant un bulletin des ventes de livres et d'autographes; des *Questions et réponses*, etc., etc. La deuxième partie contient une bibliographie méthodique des ouvrages publiés en France et à l'étranger; le sommaire des principaux recueils périodiques français et étrangers; le sommaire des articles littéraires des journaux de Paris. Le *Polybiblion* publie en outre un bulletin mensuel d'annonces, auquel est joint, sous le titre de *demandes et offres*, un catalogue des livres d'occasion que les abonnés voudraient vendre ou acquérir.

Le *Polybiblion* paraît du 10 au 15 de chaque mois, par livraison de six feuilles d'impression. Il donne par an en moyenne le compte rendu d'environ 400 ouvrages, l'indication technique de 3000 à 4000 publications françaises, allemandes, anglaises, italiennes, belges, espagnoles, hollandaises, polonaises, russes, américaines, etc., et le sommaire de 250 recueils périodiques appartenant à ces divers pays. D'amples tables terminent chaque partie, et permettent de trouver facilement les renseignements désirés.

Le prix de l'abonnement est fixé à 15 fr. pour Paris et les départements, et à 10 fr. pour les membres de la Société bibliographique. Pour l'étranger, le port en sus.

Les années 1868 à 1872 sont en vente et forment 8 volumes grand in-8, au prix de 7 fr. 50 chacun.

Un numéro spécimen sera envoyé franco *à toute personne qui en fera la demande.*

AGENCE

INTERMÉDIAIRE

DES AUTEURS, ÉDITEURS ET ACHETEURS

EN LIBRAIRIE

POUR LA PROVINCE DE NORMANDIE

M. LÉON MONTARGIS
Voyageur en Librairie

A l'honneur de prévenir Messieurs les éditeurs que, pour son commerce, il visite deux fois par an, les prêtres, magistrats, médecins, notaires, riches propriétaires, etc., des cinq départements de la Normandie. Ceux de ces Messieurs qui désireraient se servir de son intermédiaire pour le placement de leurs *principaux ouvrages et écrits périodiques* sont priés de vouloir bien lui adresser, à Epone (Seine-et-Oise), leurs catalogues, prospectus, spécimens et conditions de placement.

M. LÉON MONTARGIS désire laisser à chaque éditeur le soin de l'envoi des ouvrages placés et celui du recouvrement des fonds. Il ne demandera de remises sur ses souscriptions que lorsque le montant en aura été perçu intégralement par l'éditeur.

LIBRAIRIE PARISIENNE

PAPETERIE, FOURNITURES DE BUREAU
RELIURE, FABRIQUE DE REGISTRES, PAPIERS ET CARTONS EN GROS

LANGLET, RUE D'ISLE, 5, A St-QUENTIN
ÉDITEUR D'OUVRAGES SPÉCIAUX SUR LA LOCALITÉ ET AUTRES.

VENTES ET ACHATS D'OUVRAGES ANCIENS ET MODERNES
Sur Saint-Quentin, le Département, la Picardie, etc.

EXPERTISE DE LIVRES

RENSEIGNEMENTS BIBLIOGRAPHIQUES SUR TOUS LES OUVRAGES ANCIENS ET MODERNES

ACHATS DE BIBLIOTHÈQUES ET DE PARTIES DE LIVRES EN TOUS GENRES

COMMISSION DE LIBRAIRIE ANCIENNE ET MODERNE.

ALMANACH SAINT-QUENTINOIS, COMMERCIAL, ADMINISTRATIF
De la Ville, de l'Arrondissement de Saint-Quentin et du département de l'Aisne.

CARTE DU DÉPARTEMENT DE L'AISNE.

Carte de l'arrondissement de Saint-Quentin. — Plan de la Ville de Saint-Quentin.

LA PETITE REVUE
LETTRES, ARTS, SCIENCES, INDUSTRIE ET HISTOIRE LOCALE DU NORD DE LA FRANCE
PARAISSANT TOUS LES DIMANCHES.

ABONNEMENT :	ADRESSER
Un an (pay. d'av.), 10 f.	tout ce qui concerne
Tout abonnement commencé ne peut être interrompu et est dû en entier.	la *Rédaction*, l'*Administration* et les *Annonces* à la Librairie parisienne
Annonces, la ligne, 50 c.	de **LANGLET**, éditeur,
Réclames, — 1 fr.	5, rue d'Isle
On traite de gré à gré pour les annonces répétées plusieurs fois.	SAINT-QUENTIN (*Affranchir*).

Les *Abonnés* ont droit à une remise de 10 0/0 sur tous les ouvrages de Librairie qu'ils demanderont aux bureaux de la Petite Revue.

La *Petite Revue*, paraissant chaque semaine, a commencé sa 2ᵉ année le 1ᵉʳ février 1873. Depuis le 1ᵉʳ janvier 1873, chaque numéro a 8 pages en plus, c'est-à-dire 24 pages au lieu de 16, sans augmentation de prix, et forme chaque année 3 beaux volumes in-8.
 Nous publions et nous publierons des travaux très-importants qui, nous en sommes certain, feront grand plaisir aux amateurs d'histoire locale de notre contrée, aux antiquaires et érudits de France.

Librairie BACHELIN-DEFLORENNE, 3, quai Malaquais et 10, boul. des Capucines, à Paris

ARMORIAL DU BIBLIOPHILE

PAR JOANNIS GUIGARD

DEUX VOLUMES IN-8º ORNÉS D'ENVIRON 1500 FIGURES GRAVÉES DANS LE TEXTE

Prix : papier ordinaire. . . . . 24 fr.
— Exemplaires sur papier vergé de Hollande . . . . 48 fr.

Ce travail, fruit de longues et pénibles recherches contient l'explication des symboles tels que BLASONS, DEVISES, CHIFFRES, MONOGRAMMES et au emblêmes frappés sur les livres des amateurs, le tout accompagné de notices sur les bibliophiles et leurs bibliothèques.

Exécuté avec toute la conscience et le savoir qui distinguent les autres ouvrages de M. JOANNIS GUIGARD, l'*Armorial du Bibliophile*, par les dévelop ments biographiques et littéraires qu'il renferme, présente en quelque sorte l'*Histoire des bibliothèques particulières depuis l'origine de l'imprimerie jus nous*.

« Il faut se passionner pour quelqu'un ou pour quelque chose, dit M. Joannis Guigard, à propos de Maioli ; se saturer d'amour, de vices ou de ve pour échapper aux plates réalités de l'existence. »

Il est incontestable que sans la passion l'homme n'est plus qu'un être automatique. Ce qui remue le monde, c'est la passion, c'est la poursuite sistante d'une idée.

L'amour continu, sans trêve ni repos du livre constitue le bibliophile. Quelle passion ne montrent-ils pas, en effet, ces chercheurs, ces fouill quand il s'agit d'un Elzévir, d'un Sambix, d'un Estienne ou d'un Volfgang! Qui dira pour eux les jouissances de la découverte, les triomphes de la les joies de la possession !

Tous ceux que M. Joannis Guigard fait poser dans son incomparable galerie ont aimé les livres avec cet égoïsme immense qui touche au sublime. empereurs, rois, reines, princes, ducs, marquis, magistrats, bourgeois, artisans, hommes de guerre, hommes de lettres, tous égaux par le but, tous dans la même aspiration, cherchant le beau sous des formes diverses, mais toujours élevées, passent tour à tour devant vos yeux émerveillés.

Voici d'abord Louis XII accompagné de son hérisson et de sa devise : *Cominus et eminus* ; François 1ᵉʳ et la fantastique salamandre sur son bû entourée de la légende : *Nutrisco et extinguo* ; Henri II et Diane avec leurs chiffres amoureusement entrelacés comme leurs cœurs ; puis Grolier, Ma Laurin avec leurs arabesques sans fin, leurs filets plus insaisissables qu'un rêve, leurs dentelles aériennes et leurs miraculeux petits fers ; plus loin de Thou, les Gaston, les Rothelin, les Montmorency, La Vallière, Mac-Carthy, d'Hoym, le prince Eugène, la marquise de Pompadour, la comtesse Verrue et autres gloires de la bibliophilie, étincelants sous leurs fiers écussons, chacun avec ses attributs particuliers,

Volumes habillés par les Roffet, les Clovis Eve, les Ruette, Le Gascon, Dusseuil, Padeloup, Boyet, Anguerrand, Derome, Bozerian, Copé, De Simier, Niédrée, Bauzonnet, pour ne citer que quelques uns de ces illustres ouvriers, qui par la grâce, l'élégance, la délicatesse et l'harmonie de le compositions ont élevé leur métier aux proportions de l'art ; toutes les fêtes des yeux et de l'esprit réunies, condensées dans l'historique de ceux qu assemblèrent avec tant de goût : voilà l'*Armorial du bibliophile* qui deviendra le *vade mecum* obligé, non seulement du bibliophile, mais encore de braires, des archéologues et de tout collectionneur d'objets d'art et de curiosité.

LOUIS BOULLIEUX

LIBRAIRE - ANTIQUAIRE EXPERT

Gradué de l'Université

QUAI DE L'HOPITAL, 48 & 49, A LYON

VEND, ACHÈTE AU COMPTANT,
ÉCHANGE LES LIVRES, TABLEAUX, GRAVURES,
MEUBLES ANCIENS, DESSINS, MINIATURES, ANTIQUITÉS, MONNAIES
ET MÉDAILLES, PAPIERS ET PARCHEMINS, MANUSCRITS,
SCULPTURES, OBJETS D'ART ET ANTIQUES
DE TOUTE NATURE.

IL PUBLIE MENSUELLEMENT

UN

CATALOGUE DE LIVRES ET MANUSCRITS

ADRESSÉ GRATIS ET FRANCO

A TOUTES LES PERSONNES QUI EN FERONT LA DEMANDE PAR LETTRE AFFRANCHIE

Il se charge de l'expertise, de l'estimation de tous ces objets, en dresse les **catalogues raisonnés** et se charge de faire procéder à leur vente aux enchères.

ON NE REÇOIT QUE LES LETTRES AFFRANCHIES.

LIBRAIRIE DU PALAIS

J. P. LAVEIRARIE

LIBRAIRE
54, rue Grignan, à MARSEILLE.

VENTE ET ACHAT DE BIBLIOTHÈQUES

COMMISSION AUX VENTES PUBLIQUES

ABONNEMENT AUX JOURNAUX

LIVRES ANCIENS ET MODERNES

M. **J. P. Laveirarie** prie Messieurs les libraires de vouloir bien lui adresser leurs catalogues (livres anciens et modernes, ventes, etc).

Librairie A. EUDES
3, place de la Sorbonne. PARIS

EN DISTRIBUTION

EXPÉDIÉ FRANCO, A TOUTE PERSONNE QUI EN FERA LA DEMANDE

CATALOGUE DE LIVRES DE FOND ET EN NOMBRE
(Ouvrages complets à prix réduits)

BEAUX-ARTS. — THÉOLOGIE. — SCIENCES
LITTÉRATURE. — JURISPRUDENCE. — HISTOIRE

EN PRÉPARATION :
CATALOGUE DE LIVRES D'OCCASION A PRIX MARQUÉS

LIBRAIRIE A. DUREL

21, RUE DE L'ANCIENNE-COMÉDIE
ET
11, passage du Commerce, à Paris

PUBLICATION DE CATALOGUES
LIVRES ANCIENS ET MODERNES
EN VENTE AUX PRIX MARQUÉS

Expédiés gratis et franco à toute personne qui en fera la demande

M. A. DUREL prie MM. les Libraires de vouloir bien lui adresser leurs catalogues.

LIBRAIRIE SCIENTIFIQUE ANCIENNE ET MODERNE

AMBROISE LEFÈVRE
47, Quai des Grands-Augustins, à Paris

SPÉCIALITÉ DE LIVRES ANCIENS ET D'OCCASION
SUR
LES SCIENCES MATHÉMATIQUES ET INDUSTRIELLES
(MINES — PONTS ET CHAUSSÉES — GÉOLOGIE, ETC.)

Il est publié un Catalogue tous les mois qui est envoyé franco
à toute personne qui en fait la demande

Prière à MM. les Libraires de vouloir bien m'adresser leurs catalogues de ventes publiques et à prix marqués.

EN DISTRIBUTION : Le Catalogue n° 3, Mathématiques; n° 4, Industries.

ACHAT DE BIBLIOTHÈQUES SCIENTIFIQUES.

IMPRIMERIE TYPOGRAPHIQUE

DE

EUGÈNE HEUTTE & CIE

80, rue de Paris, 80

SAINT-GERMAIN EN LAYE

IMPRESSION D'OUVRAGES ANCIENS
ET MODERNES :

Brochures, Revues *(l'Artiste),* Collections telles que celle des *Documents rares ou inédits relatifs à l'Histoire de Paris,* la continuation de la collection Jannet, etc., etc.

ÉCHELLE COMPLÈTE DE CARACTÈRES ELZÉVIRIENS
DE LA FONDERIE GÉNÉRALE

Permettant d'entreprendre tous les travaux d'*amateurs* et de *bibliophiles*

OUVRAGES DE VILLE ET D'ADMINISTRATION
EN TOUS GENRES

GLAÇAGE — BROCHAGE — STÉRÉOTYPIE

BELLES PUBLICATIONS SUR LES BEAUX-ARTS

En vente à la Librairie Ed. ROUVEYRE

L'ART CHRÉTIEN

PAR LES VIEUX MAITRES ALLEMANDS

LA GALERIE BOISSERÉE

(Maintenant à Munich)

FORMANT 120 MAGNIFIQUES PLANCHES LITHOGRAPHIÉES SUR PAPIER TEINTÉ
ET EXÉCUTÉES SOUS LA DIRECTION DE

M. STRIXNER

Stuttgard et Munich, 1821-1836

Deux volumes grand in-fol. (planches montées sur onglet) avec titre et table, demi-rel. maroquin rouge.

AU LIEU DE 1440 FR., 525 FR.

La collection de peintures d'après lesquelles ce magnifique recueil a été publié (et qui fait maintenant partie de la Galerie royale de Munich) se compose de 320 tableaux; mais l'ouvrage que nous annonçons ne présente qu'un choix de sujets nécessaires pour former une histoire de la peinture allemande et de la peinture flamande par les monuments. Elle est divisée en trois séries : La 1re contient les peintures du XIVe siècle, la 2e celles du XVe, la 3e celles du XVIe. Cet ouvrage a paru en 40 livraisons, renfermant chacune 3 estampes (tirées soit à une, soit à deux teintes), format grand colombier; au prix de **36** fr. (8 thalers 18 sg.) par livraison.

C'est dans cet ouvrage que, sous le crayon de M. STRIXNER, *la lithographie semble avoir atteint le plus haut degré de la perfection en Allemagne,*

BRUNET.

BELLES PUBLICATIONS SUR LES BEAUX-ARTS
En vente à la Librairie Ed. ROUVEYRE

LA
GALERIE DE MUNICH

COLLECTION

de 204 magnifiques lithographies

D'APRÈS LES PRINCIPAUX TABLEAUX

DE LA PINACOTHEK DE MUNICH

EXÉCUTÉES PAR

MM. STRIXNER, PELOTY, HOHE, SELB
ET FLACHENEKKER

MUNICH, 1817-1836

Deux forts vol. grand in-fol., *planches tirées sur papier de Chine,*
montées sur onglets, demi-reliure maroquin

AU LIEU DE **1700** FR., **750** FR.

EN DISTRIBUTION :

Catalogue analytique

DE LA GALERIE BOISSERÉE

ET DE LA

GALERIE DE MUNICH

AVEC L'INDICATION ET LE PRIX DES PLANCHES QUI SE VENDENT
SÉPARÉMENT

Il nous arrive plusieurs annonces de nos confrères de l'étranger, au moment de donner notre bon à tirer à notre imprimeur.

Avec la meilleure volonté, il nous est impossible de les insérer, ayant promis la livraison de cet ouvrage avant le 25 Novembre courant.

Paris, 15 Novembre 1873.